“人疲れ”が嫌いな脳

ラクしてうまくいく人間関係のつくりかた

梶本修身

GENTOSHA

JN162063

イラスト
カヤヒロヤ
ブックデザイン
アルビレオ
構成
五反田正宏
DTP
美創

はじめに　人間関係が得意でも、「人疲れ」は起こる

「人と話していると楽しい」

「みんなでお酒を飲んでわいわい話をするのが好き」

普段、そう感じている人もいるでしょう。

しかしその一方で、**楽しい集まりの後、家に帰ってホッとした瞬間、どっと疲れを感じる人も多いのではないでしょうか？**


会社の中にも、上下関係を問わず親しくなれて、初対面の人とも明るく話ができ、接待でも相手を楽しませて取引先のウケのいい人がいます。

ところが、実はそういう**社交的な人ほど「人疲れ」を起こしやすい**ことがわかっています。

人間関係を構築したり、周りを盛り上げたりするのは、実はデスクに座って仕事をする以上に疲れることなのです。

社交的であるということは、常にその場の雰囲気を観察し、最適なタイミングで会話に参加し、相手の言葉にうなずいたり笑ったりしなくてはいけません。

「自分はそんなこと、いちいち考えてない」と思われるかもしれませんが、それは社会性を身につけた大人ゆえに自動的かつ無意識に行っているだけ。脳の中では数秒間も休むことなく、その情報処理と表情演出を実行し続けているのです。

この「社交性」という人間が持つ能力は、高性能のコンピューターやＡＩ（人工知能）でもかなわない高度情報処理能力であり、それゆえ、脳内の神経細胞はかなりの疲弊を起こしてしまうのです。

逆に、**普段から「ＫＹ」（空気読めない）と言われ、周りを気にせず怒鳴り散らしている人のほうが「疲れにくい」**といえます。

典型的なのが、夜の銀座あたりのクラブでうれしそうに威張っている人です。ホステスさんからの上辺だけの褒め言葉に素直に喜べる人は、ある意味、疲れ知らずの幸せ者です。

また、おぼっちゃまの二代目社長なんかに見られるように、「裸の王様」と社内で言われていることにも気づかず、「俺は優秀な経営者だ」とか「俺はすばらしい上司だ」と本気で勘違いしているような人も、「人疲れ」を起こすことはないでしょう。

しかし、大多数の人は日々、周囲の人に気を配り、社会にうまく溶け込むように生活しています。

会社勤めをしていなくても、PTAであったり、ママ友であったり、近所づきあいであったり、稽古事であったり、あらゆる場所で人間関係を構築しています。

また、たとえ家にいても、姑あるいは嫁との確執を避けるために、気を遣ったりしなければならないことも多いでしょう。

「もめごとは避けたい」と願う人は、「人疲れ」から逃れることはできません。**人間は、人間によって癒されもしますが、消耗しきってしまうようなひどい疲れをもたら**

すのも、また人間なのです。

現代には、人間関係や対人関係の疲れ、つまり「人疲れ」に悩んでいる人がたくさんいます。

私が院長を務める東京疲労・睡眠クリニック（新橋）を受診する患者さんも、体を酷使して疲れ果てる人より、**職場の上司や同僚、SNS上の友人などとの人間関係で疲れている人が激増している**印象があります。

もはや、「今どきの疲労の大半は人疲れである」と言っても過言ではありません。

では、「人疲れなんかしないで、もっと楽に人とつきあえる方法」はないのでしょうか？

実は、あります。

疲労に関する最新の研究からわかってきた**「人疲れしないコツ」**を、本書で科学的根拠に基づいてお伝えしていきたいと思います。

"人疲れ"が嫌いな脳　もくじ

第1章　毎日ヘトヘトの原因は、残業よりも「人疲れ」

第2章　疲れない人間関係の基本

第3章 「人疲れ」しない距離感のつくりかた

第4章　お笑いの天才に学ぶ、コミュニケーションの真髄

第5章　60%の努力で80%うまくいくワーキングメモリ活用法

第1章
毎日ヘトヘトの原因は、残業よりも「人疲れ」

そもそも「疲労」って、いったいどういうこと？

「人疲れ」は、体の疲れとは違うものなのでしょうか？

そもそも、疲労とはどういう状態なのでしょう。


日本は「疲労大国」と言われるくらい、多くの人が日常的に疲れを感じています。

文部科学省の疲労研究班（私も所属していました）が２００４年に行った疫学調査では、**日本人の約60％は何らかの疲れを感じている**ことがわかっています。また、「半年以上疲労が持続して悩んでいる」人が40％近くもいるとも報告されています。

疲れているのに無理に無理を重ねていると、最悪の場合に行きつくところが過労死です。

過労死は「ＫＡＲＯＳＨＩ」としてそのまま英語で通用していますが、こんな日本語由来の言葉が広まるのは残念なことです。「SUSHI（寿司）」や「MOTTAINAI（もったいない）」などと同様に、訳語がないのは日本文化に由来しているからなのでしょう。

2002年から、厚生労働省では「過労死等の労災補償状況」という統計資料を発表しています。過労死した人や、過重な仕事が原因で脳・心臓疾患を発症した人、仕事上のストレスでうつ病などの精神障害になった人の実数が載っています。

2016年度の発表資料によると、429人（脳・心臓疾患による死亡が253人、精神障害から自殺へとつながってしまった人が176人）が、過労が原因で亡くなったと認められています。

しかもここに載っているのは労災の請求件数や、支給が認められた件数ですから、実際はもっと多くの人が、疲労に苛《さいな》まれて心身の健康を損なっていることは間違いありません。

それくらい「疲労」は日本の深刻な問題です。ところが、**疲労とは体のどこが、ど**

んな状態になっているのか、科学的なメカニズムはほとんど理解されていません。

「仕事や運動をすれば、エネルギーを消費するから体が疲れるのだろう」と思っている人も多いでしょう。スポーツをしていた人なら、「激しい運動をすると、筋肉に乳酸が溜まる。乳酸は疲労物質だから体が動かなくなる」と信じているかもしれません。

しかし**エネルギー不足、つまり「ガス欠」で体が動かなくなることは、日常生活ではまず起こりません**。

また、乳酸が疲労物質という説は、今では医学的に否定されています。乳酸は疲労物質や老廃物などではなく、筋肉の疲労を回復させる有用な物質であり、エネルギー源にもなっていることが解明されたのです。

疲れているのは体じゃなくて脳だった！

たしかに、長時間の水泳や炎天下でテニスなどをすると、体がクタクタに疲れたと感じます。

しかし私たちの研究では、体に4時間の運動負荷をかけても、筋肉や肝臓・腎臓などの内臓組織にはほとんど影響しないことが判明しています。

つまり、運動による肉体的な負荷は、一般的にイメージするほど体にダメージを与えてはいません。

それなのになぜ、疲労を感じるのでしょう。

結論から言うと、**脳が疲れていた**のです。もう少しくわしく言えば、**脳の「自律神経の中枢」に、すべての疲れの原因があります。**

簡単に説明しましょう。

たとえばジョギングを始めると、数秒後には心拍数が上がって、呼吸も大きく速くなります。体温の上昇を抑えるために、汗も出てきます。

こうしたコントロールを自動的に、秒単位で行っているのが自律神経で、その中枢が「視床下部」や「前帯状回」という部分です。

運動が激しくなると、この「自律神経の中枢」での処理が増加するのです。

ジョギングくらいの運動では、筋肉はほとんどダメージを受けません。しかし、脳にある自律神経の中枢は、走る速度や道の傾斜などから体にかかる負荷を計算し、心拍・呼吸・体温などを調整しており、全力で稼働しているのです。

その結果、脳の自律神経細胞では**活性酸素**が発生します。細胞が活動するとき、呼吸で取り入れた酸素を使って栄養素を燃やしているのですが、わずかながら必然的に活性酸素が生まれるのです。

活性酸素には強い酸化作用があるので、**脳の細胞は酸化ストレスにさらされ、細胞**

が錆《さ》びついてきて、本来の自律神経の機能が果たせなくなってしまいます。

これが体に運動負荷がかかったときに起こる、疲労の正体でした。

活性酸素は、その強い酸化作用によって、体内に侵入したウイルスや細菌を攻撃、退治するという大事な役目もあるので、全面的に悪者というわけではありません。

しかし、細胞のフル稼働によって体内で活性酸素が過剰に発生すると、酸化ストレスという有害な作用に細胞自身がさらされて、錆びついてしまうというジレンマがあるのです。

日常的な運動では、筋肉の細胞は平常運転でほどほどに活動しているため、過剰な活性酸素もたいして発生しません。

一方、フル稼働する脳の自律神経の中枢では、大量に酸素が消費され、それだけ活性酸素も発生して、この部分の脳細胞はダメージを受けています。

日常生活で、私たちは「今日は会議の連続だったから、もうヘトヘト」とか「一日中、車を運転して、すっかり疲れてしまった」などと言いますが、筋肉を酷使したわけでもないのに強く疲労を感じるのは、みなさんにも経験があるはずです。

もう、おわかりでしょう。**体をほとんど動かしていなくても疲労が起こるのは、脳が疲れているから**だったのです。

「飽きたなぁ」は脳疲労の最初のサイン

オフィスで仕事をしているときのように、精神的な負荷がかかっているときは、脳そのものが疲弊します。

脳は千数百億個を超える神経細胞の塊ですが、大きく分けて「大脳」「小脳」「脳幹」の3つのブロックから構成されています。

このうち、「言葉を話す」「情報を処理する」「記憶する」「学習する」「思考する」といった高次機能を司っているのが大脳です。

したがって、仕事のときには大脳がフル稼働して、膨大な情報処理をしているので、神経細胞が錆びやすいのです。

オフィスでずっとパソコンに向かって仕事をしていると、大脳の特定の神経回路を繰り返し使い続けることになるので、その部分の神経細胞は、酸化ストレスにさらされて疲弊してきます。

「これ以上、この神経細胞を使うと錆びてしまうよ」という信号が、感情になって表れたのが「飽きる」という感覚です。

「飽きてきたなぁ」と感じたら、脳が疲労して情報処理能力に限界がきているサインですから、早めに休憩をとって気分転換をした上で、別の作業をするように習慣づけると、能率よく仕事ができます。

大脳の場合、疲弊してくると周囲の神経細胞が代わりに働いてくれて、疲労が分散されるような仕組みもあります。

しかし、脳幹にあって自律神経の中枢となっている視床下部と、左右の大脳半球の間で信号を伝達する前帯状回という部位の周囲には、代わりがいません。つまり、脳の中でもっとも疲労を起こしやすい部位なのです。

自律神経とは、呼吸や消化吸収、血液循環、体温調節など生存に関わる機能を調整している神経です。私たちの臓器、皮膚、血管、汗腺などほとんどすべての器官は、この自律神経によって24時間、一瞬も休むことなくコントロールされています。

自律神経には、心拍数や血圧、体温を上げて体を活動的にする「交感神経」と、安静にして休息させる「副交感神経」があり、一方が働くとき、もう一方は休んでバランスを取りながら、体内環境を一定範囲内に保っているのです。

激しい運動をしたときの疲れも、筋肉そのものの疲労ではなく、自律神経に疲労が蓄積するため、「もうこれ以上、運動をしないで」と出したシグナルが、あたかも筋肉疲労を起こしたように感じられていたのです。

ですから、**「飽きてきたなぁ」は黄色信号、「疲れたぁ」は赤信号の生体アラーム**だと考えてください。

疲れが溜まったときの症状を思い出してみてください。

頭痛、めまい、ほてり、耳鳴り、声や音が遠くに感じる、バランス感覚が悪くなってふらつく、血圧が変動する……。そんな経験があるのではないでしょうか？　疲労が蓄積したときのこうした症状は、自律神経失調症の症状そのものです。

つまり、疲労で出現する症状の多くは、ストレスによって自律神経にダメージを受けたときの状態と同じです。

疲労が蓄積した状態が続くと、自律神経の変調へとつながっていくので、**睡眠の質が下がってうつ症状が出てきたり、心拍のコントロールに支障が出て心筋梗塞などのリスクも高くなってしまいます。**

過労死する動物は人間だけ

みなさんに気をつけていただきたいのは、**「疲労」と「疲労感」はまったく別の現象**だということです。

たとえば、「残業で長時間デスクワークをしたけど、**プレゼンに成功して上司に認められた**」とか「フルマラソンを初めて完走した」というときを想像してみましょう。

疲労は蓄積しているのですが、達成感もひとしおで、多くの人が**「疲労感もふっとんだ」**と感じるのではないでしょうか。

つまり、本当は疲労しているのに、それを感じるはずの脳が疲労感を覚えないということが起こるのです。数値では生理的・物理的な疲労がはっきりと表れているのに、主観的な疲労感をともなわないこともめずらしくはありません。

先に「飽きてきたなぁ」は黄色信号、「疲れたぁ」は赤信号と述べたとおり、本来、疲労感は生体アラームのひとつです。

ところが、かなり疲れているはずなのに、「疲労感もふっとんだ」となることがある。つまり、**生体アラームが機能しなくなる**のです。

その理由は、人間がほかの動物には見られないほど、大きく発達した前頭葉を持っているからです。

前頭葉は意欲や達成感の中枢ですが、自律神経の中枢が疲労したという情報を集めて、疲労感によって自覚させる「眼窩《がんか》前頭野」という部位もここにあります。

人間は発達した前頭葉のために、意欲や達成感によって、「眼窩前頭野」の発する生体アラームを簡単に覆い隠してしまえるのです。

これが「隠れ疲労」で、専門的には「疲労感のマスキング」と呼んでいます。これは、**「疲れているのに疲れを感じない状態」で、蓄積すると非常に危険**です。

仕事でも趣味でも、寝食を忘れて没頭できるのは発達した前頭葉のおかげで、意欲や達成感が疲労感に優先するようになったからです。

前頭葉が小さいほかの動物では、そんなことはありません。たとえば獲物を追いかけていたライオンは、眼窩前頭野が疲労感のアラームを発すると、どんなに空腹でも狩りを中止してしまいます。意欲や達成感より疲労感が優先しているからです。

だから、**過労死する動物は地球上に唯一、人間だけ**なのです。

私たちは過労死の研究もしてきましたが、日ごろから仕事にやりがいや達成感を感じている人、上司や同僚からの賞賛や昇進といった報酬が期待できて、**楽しく仕事しているときほど、過労死のリスクが高くなる**ことがわかっています。

スポーツも同様で、つらいトレーニングをしていると、脳内に「エンドルフィン」や「内因性カンナビノイド」という疲労感や痛みを消す物質が分泌されて、疲労感のマスキングが起こります。

いわゆる脳内麻薬が出て、多幸感や快感のような感覚を覚えるのですが、そのまま運動を続けると、心拍、呼吸、体温調節を司る自律神経に疲労が蓄積していくので大変危険です。

「仕事でヘトヘト」なあなたも、実は人間関係で疲れている！

私はもともと精神科医で、精神生理学という分野を専門にしてきました。

その中でも「脳の疲労」をテーマにしていて、とくに私が手がけているのは**〝疲労感〟といったあいまいな尺度ではなく、定量化して数字で表す**ことです。

「脳の疲労」に取り組む以前は、「脳の老化」を定量化できないかと研究していたのですが、エイジング（加齢）による変化を調べていくとき、困った問題が起こりました。

毎日、ずっと同じ人の脳の状態を測っていくと、本来なら測定データから同じ年齢が導かれなくてはいけないのに、毎回毎回ずれていく。**そのずれの原因は何かと調べていくと、実は「脳の疲労」だった**のです。

脳年齢、すなわち脳の老化指数を出そうとしているときには、疲労によるずれはノイズなので邪魔者だったのですが、実はこちらにも価値があるのではないかと気づきました。

ニンテンドーDSの『アタマスキャン』というソフトを開発したとき、脳年齢と同時に脳疲労も表示するようにしたのは、このときの大きな成果のひとつになりました。

定量化しやすいのは、「精神作業負荷」と呼ばれる、デスクワークのような作業による疲れです。

この実験では、被験者にひたすら文章を書き写すとか、延々と単純な計算問題を解くといった作業をしてもらって、さまざまなホルモンやタンパク質など生理的な指標となる物質を探したり、測定したりするわけです。

２０１６年の春に出版した『すべての疲労は脳が原因』（集英社新書）では、こうしたエビデンス（科学的根拠）に基づいて、「疲労とは何か」を科学的に説明しているので、興味を持った方はお読みいただけると幸いです。

一方、**人間関係による疲れ、いわゆる「メンタルストレス」と言われるような負荷は、定量化しにくい**のです。メンタルストレスは、被験者に同じだけの負荷を与えることができません。与える内容が同じであっても、受ける側の感じ方がまず違う。

極端な話、肉親が亡くなったときは多くの人が悲しむものですが、遺産が入ってくると思って喜ぶ人もいます。介護から解放されてほっとする人もいます。さまざまな感情が入りまじることも少なくありません。

デスクワークの場合、課題を統一すれば同じ負荷を与えられるのですが、人間関係ではそうはいきません。

痛みによる刺激も、受けたときの感じ方が人それぞれで、かなり違う。同じメンタルストレスを与えることからして困難なので、生理学的な臨床試験はまずできません。

しかし、実際には多くの人が人間関係によって疲れています。

私のクリニックを訪れる**患者さんの過半数は、人間関係によるメンタルストレスが**

原因で疲れていると言っていいくらいです。

「仕事でヘトヘト」と思っている人も、実際は「人疲れ」の可能性があります。

残業で長い時間働いたとき、もちろんデスクワークによる脳の疲労もあるのですが、上司や取引先との対人関係が疲れを倍増させているのかもしれません。

疲労が生活習慣病の引き金に！

メンタルストレスが自律神経を疲弊させることは、みなさんもご存じかと思います。

多くの方にとって、「運動（身体的な運動も、デスクワークのような精神的な運動も含みます）で疲れるのは、脳が疲れるから」というのは初めて耳にする話かもしれませんが、先にも説明したとおり、自律神経の中枢が疲弊するという点では同じです。

外部の気温が変化しても体温が一定に保たれるように、私たちの体には、内外の状態が変化しても、生命維持に適した体内環境が一定に保たれる仕組みが備わっており、これは**「ホメオスタシス（恒常性）」**と呼ばれています。

このホメオスタシスが機能するのは、「神経系」「内分泌系」「免疫系」のメカニズムが相互に働いているからです。

体の内外の状態が変化したとき、真っ先に働くのは神経系、自律神経です。

たとえば、気温が低いと体がふるえます。これは筋肉をふるわせて発熱させる一方、血管を収縮させて体温を逃がさないようにしているためです。服を着るなり、暖房を入れるなりすると、ふるえは止まります。

疲労やストレスによって、自律神経に負荷がかかった状態のまま放置するとどうなるか。数日経つと、自律神経失調症のような症状が出てきます。これはホメオスタシスのアラームが鳴っているような状態と言えるでしょう。

そうなると、次に影響が出てくるのが内分泌系です。内分泌系とはホルモン＝体の各器官でつくられる化学物質が特定の細胞に働きかけて作用するシステムで、神経系よりも反応スピードは遅いのですが、持続性と確実性に優れています。

疲労やストレスが長期化すると、脳からの指令によって、副腎皮質という器官から「ステロイドホルモン」が分泌されます。

このホルモンは、外的刺激に無理に逆らうのはやめて、エネルギー消費を節約する働きをします。ムダな抵抗によってエネルギーを使って疲労が深刻化してしまうのを防いで、状況が好転したときに備えるための仕組みです。

問題は、ステロイドホルモンが大量に分泌されると、血管を老化させて動脈硬化のリスクを高めたり、インスリン（血糖値を下げるホルモン）の効き目を悪くする「インスリン抵抗性」を引き起こして糖尿病などをもたらしたりすることです。

要するに、**生活習慣病の引き金になってしまう**のです。


また、長期の疲労は、免疫系にまで影響を及ぼします。ご存じのように、外部から侵入した細菌、ウイルスなどの敵を見つけて攻撃する働きをしているのが免疫系です。外部から侵入する敵だけでなく、がん細胞の芽を見つけて摘み取るのも、免疫系の大事な役目です。

私たちの体では、毎日5000個ものがん細胞が生まれているとされますが、免疫系がそれをいち早く発見・攻撃してがんが進行しないようにしているのです。

疲労やストレスが慢性化した状態では免疫系が疲弊して、**がんに対する防御力が弱まってしまいます**。加えて、先述したステロイドホルモンには免疫力を低下させる作用もあります。

「バリバリ働いてきたやり手の先輩が、50代で倒れた」とか「定年を前にがんで亡くなった」などといった例を見聞きした人は多いでしょう。いわゆる過労死ではなくても、疲労の蓄積が中高年になったときの健康に関与していることは明白です。

メンタルストレスも含めて、**いかに脳が疲れないようにするか、疲れても早期に回復させて脳疲労の蓄積を防げるかどうかは、今日や明日だけの問題ではありません。**将来、歳をとってからの健康状態にも大きな影響を及ぼすのです。

疲労は脳を老化させる

体を動かしたためであれ、メンタルストレスによるものであれ、**脳の疲労が蓄積すると回復が難しくなって、脳の老化が進んでしまいます。**

これは皮膚の日焼けに置き換えてみると、イメージしやすいと思います。

日光に含まれる紫外線を浴びると、皮膚はダメージを受けて赤くなったり、やがて黒くなったりしますが、一時的な日焼けなら、皮膚はまた元の状態に回復していきます。とくに若いころは回復力が高いのです。

ところが日焼けを繰り返して、皮膚のダメージが回復しないうちにさらに紫外線を浴びていると、日焼けが一過性のものではなくなります。

大人になると皮膚の回復力も低下してくるので、回復できないシミやシワになってきます。つまり皮膚の老化です。

同じことが脳でも起こります。睡眠などの休養を怠っていると、脳疲労が蓄積します。

酸化ストレスにさらされた脳の神経細胞は、通常、休息をとることによって回復しますが、回復しないうちにさらに酸化ストレスを受ける事態が続くと、老化した皮膚にシミやシワができるのと同様に、脳も老化していくわけです。

しかも脳の場合、皮膚など体のほかの器官よりも疲労が蓄積しやすいのです。というのも、古くなった細胞は細胞分裂して新陳代謝することで新しく生まれ変わりますが、成人の脳を構成している神経細胞は、細胞分裂を終えた細胞です。

最近の研究で、一部の神経細胞は大人になってからも新生することがわかってきましたが、大部分の細胞は生まれ変わることがありません。疲労の蓄積はそのまま神経細胞のダメージへとつながりますから、脳の老化を招くことになります。

脳の老化が進んでいる人と若々しさを保っている人の違いは、脳疲労を溜め込んでしまった人と、溜め込まなかった人の違いだと言えます。

人間関係に気を遣って疲れ果てていると、高齢になったときに認知機能の低下を招きかねません。そうならないためにも**疲労はこまめに解消して、溜め込まないようにする**ことが大切です。

「脳の手抜き」を使えば、60％の努力で80％うまくいく

冒頭で述べたように、現代では多くの人が人間関係や対人関係の疲れ、つまり「人疲れ」に悩んでいます。

人づきあいは社会生活上、絶対に必要な要素で、逃れるわけにはいきません。とはいえ、毎晩家に帰ってきたとき「ああ、疲れた……」とため息ばかり漏れるような日々は避けたい。メンタルに負荷をかけ続けていると、脳の疲労を溜め込んでしまいます。

ということは、家に帰って「ああ、疲れた……」と言わなくてすむよう、人づきあいでストレスを感じることがなくなればいい。

では、そのためにはどうすればいいのでしょう？

結論から言えば、**「負荷をかけない」**ということになります。自分の精神、メンタ

ルに負荷をかけない。これには**「脳の手抜き」を使えばいいのです**。要するに、人づきあいでいかに手を抜くかということです。

後で触れますが、本当に人づきあいが上手で、苦にせずできて、かつ疲れないという「天才」はいます。ただ、そんな人はごく少数ですし、「天才」ではなくても、人づきあいをうまく、気楽にやっていくことは可能です。

目指すのは、**「60%の力で80%の成果を得ること」**、あるいは**「60%の努力で80%の能力を発揮すること」**です。

言うまでもなく、「100%の力で100%の成果を得る」ことは理想であり、すばらしいことです。しかし、100%の力は脳神経学的に見ても、そう長い時間維持できるものではありません。

たとえば、**100%の緊張を保つのは2秒間が限界**と言われています。野球では、投手が構えてから投げるまでの間が2秒以上続くと、ほとんどの打者はタイムを要求して打席を外します。100%の力は、そう長く続くものではないのです。

また、仕事や運転、授業など軽度の緊張ですら、せいぜい1時間が限界です。小学校の授業が45分間なのも、運転は1時間ごとに休憩することを推奨しているのも、それが理由です。

ちなみに、大学の講義が90分間なのは、決して緊張を小学生より長く維持できるからではありません。単に手抜き、すなわち「緊張と緩和」や「注意の配分」がうまくできるからにすぎません。

大切なのは、**100%の力は社会生活においてはあまり必要ではない**ということです。「おさえておくべき大事な点」を理解していれば、60%の力で80%の成果を得ることのほうが効率的であり、実はそれほど難しいことではないのです。

これは、仕事に限らず、人とのコミュニケーションにおいても当てはまります。要領よくやれる人というのは、やはり人疲れも少ないのです。

この**「人づきあいを要領よくやっていく方法」**について、脳疲労の研究から判明した知見も交えながら、次章から紹介していきたいと思います。

第1章のポイント

- □ **すべての疲れの原因は、脳の自律神経**
  4時間運動しても、
  体にはほとんどダメージがない

- □ **「飽きたなぁ」に注意**
  脳疲労の最初のサインは「飽き」。
  早めの休憩・気分転換で仕事の能率UP

- □ **「疲労」と「疲労感」は別物**
  達成感による「隠れ疲労」が溜まると
  非常に危険！

- □ **過労死は本当にこわい**
  仕事にやりがいや達成感を
  感じている人ほどリスクが高くなる

- □ **生活習慣病やがんの原因にも**
  脳の疲労を放置すると、
  将来の健康に影響してしまう

- □ **疲れはこまめに解消する**
  脳の疲労が溜まると回復しづらくなり、
  脳の老化が進む

- □ **100%の力は必要ない**
  「脳の手抜き」を使って上手に生きれば疲れない

第2章
疲れない
人間関係の基本

まずは「聞き上手」になってみよう

学校でも会社でも、積極的に人と関われるタイプ、人づきあいが得意なタイプがもてはやされる傾向にあります。そのため「コミュニケーションをとるのが苦手で……」という人は、どうしても無理をしがちです。

「人づきあいが苦手」という場合、**「何をしゃべればいいかわからない」という悩みを持つ人も多いのではないでしょうか？**

「何かしゃべらないといけない」「話を盛り上げて相手に気に入られたい」などと考えて話題を探しながら、気まずい思いをして会話するのは、たしかに気疲れしそうです。

前章で見てきたとおり、頑張って会話していると脳が疲弊するので、家に帰ったときにどっと疲れが出るわけです。

疲れないコミュニケーションのための基本的な技術として真っ先におすすめしたいのが、「聞き上手になる」ことです。**相手の話に「うなずく」だけで、コミュニケーションの7割は成立する**とされているので、非常に効率のいい方法です。

聞き上手になることのメリットは、まず**自分の時間が確保できる**ことです。

相手が言っていることの内容や、相手が何を言いたいのかを考える時間ができるので、おもしろかったところを判断することもできます。

おもしろかったところで大きくうなずけば相手は大満足なので、ほとんどしゃべらなくてもコミュニケーションとして立派に成立するのです。

さらに、ときどき相手の発言をオウム返ししてあげれば、相手からすると**「この人は真剣に聞いてくれている」と思うので、すごく満足感がある**のです。

高級クラブはその典型ですね。自分の話に「そうなんですね！　すごい！」って言ってもらえれば、それで満足して何万円も払って帰るのです。

社会的地位がある人もない人も、お金持ちもそうでない人も、自分の話を聞いてもらうのは気持ちがいいし、「なるほど」「すごい」と言われるのが好きなんです。

ことさらにお世辞を言う必要はありません。興味深そうに聞いて、おもしろかったところでうなずくことができれば、あなたも「聞き上手」の仲間入りです。

これは、相手の情報をどんどん自分の中に蓄えていくことにもなり、次に会ったときに話題を広げたり、深くしたりできるので一石二鳥です。

人間は、弱みを見せた相手を信用する

さらに、話している相手の気分をよくさせることには、もうひとつ大きな意味があります。普通なら話さないことまで話してくれる可能性が高くなる、すなわち、**自分の弱さや隠している部分も見せてくれる**ようになるのです。

そういった、なかなか外に見せないところを引き出してあげると、人間は不思議と「この相手は信用できる」というふうに思い込みます。

さらに、「あなたのことを信用しています」という感覚を持って話し手と向き合うことで、話し手はこれに反応して、聞き手と同じく「あなたを信用しています」という感情を持つようになります。

話し手にしてみても、聞き手から「へえ、すごいんですね」「その話、興味あります」「あなたに会えてよかった」などという反応が返ってくれば、聞き手に対して「あなたに話すことができてよかった」と思うのです。

聞き手のことを信用するから、話し手はもっと自分をさらけ出すことになる。聞き手も「自分のことを信用しているから、ここまでしゃべってくれるんだ」と好意を持つでしょう。

そうなれば話し手も好意を持ってくれるので、もっといろいろ話してくれる……という好循環が始まります。

この好循環が形成されると、話している人はどんどん自分の弱さを出してきます。捨て身のような状態になっているにもかかわらず、聞いている人を信用していくということが起こるのです。すなわち、弱みを見せながらも、その相手を信用する。

そうなれば、聞き手の側はとても楽です。**「なるほど」「そうですね」「すごいですね」などと言って聞いていると、相手はどんどんどんどんしゃべってくれて、しかも信用してくれる**のですから。

「聞き上手」は、コミュニケーションの基本であると同時に、「人疲れ」しないためのもっとも有効な技術なのです。

「愛着」を使って相手と距離を縮める

無理になれなれしく相手との距離を縮めようとすると、逆に警戒感を持たれてしまいます。そこで、**楽に自然に距離を縮める方法が、「愛着」という心理状態を共有すること**です。

「愛着」とはどういうことか。

「愛情」との対比で考えるとイメージが湧きやすいと思います。

「愛情」、つまりセックスをともなうような愛し合う感情は、長くは続きません。それは動物ではほとんど共通していて、だいたい3年以内とされています。

そう断言してしまうと、「そんなはずはない！」と怒り出す人がいるかもしれません。その一方で、「……そうか。なるほど」と納得する人も少なくないのでしょうか。

これは、自分の子孫を残すための生物学的な戦略です。

つまり、同じ遺伝子を持った子どもばかりだと、環境が変化したときに全滅するリスクがある。**子どもをつくるたびに違う種類の遺伝子を取り入れるようにしておいたほうが、自分の遺伝子が残りやすい**のです。

たとえば飢餓に強い子ども、伝染病に強い子ども、あるいは戦いに強い子どもなど、違う遺伝子を持っていたほうが生き残る確率が高くなります。となると毎年、繁殖期ごとにパートナーを替えるほうがいいわけです。

ただ、人間の場合は子どもが成長するまで、14年ほどかかります。その間にパートナーを替えてしまうと、子どもが殺される危険があります。それを避け、子どもが独り立ちするまで育てるための契約として、結婚という制度が生まれたのです。

しかし生物学的には、多様な遺伝子を残したいわけですから、やはり愛情は長く続かないのが前提になっています。

一方、人間には、子どもを育てている間、パートナーを替えずにいられるように「愛着」が備わっています。愛着は非常に深い絆を持つものなので、人間にとっては、ほかの動物が有する繁殖のための愛情よりも重要であるとも考えられます。

私自身、娘にもよく「愛情の強い人よりも愛着の強い人を探しなさい」と言っています。愛情は冷めることがあっても、愛着の強い相手とはずっとつきあえるからです。

実際、アメリカ人の典型的な夫婦は、ラブラブでベッドも一緒、外出時には手をつないで歩くのが一般的ですが、そんな愛情派のアメリカ人夫婦のほうが、日本人夫婦より圧倒的に離婚率が高いのは紛れもない事実です。

愛情が「子どもをつくりたい」という感情なら、愛着は「いなくなると寂しい」という感情です。「恋人」や「愛人」ではなくて、「家族」に対する気持ちと言えるでしょう。

人間のメンタルがもっとも安定するのは、相手との距離がいかなる場合も変わらない関係であり、それこそが愛着のある関係なのです。

なかには「家族といるのがストレス」という人もいるかもしれませんが、一般的には、家族と一緒にいるときは、余計な気を遣うことはありません。

たとえば、新幹線で隣の席に座っているのがつきあって間もない恋人だったら、東京から新大阪までの間、ぶすっとして黙り込んでいるだけで気になるでしょう。でも家族なら、会話がなくても気にならないものです。

もしそれが個室だったら……と想像すると、「家族」「恋人」「他人」の違いはもっと顕著になります。

家族だからといって、遠慮もストレスもまったくないとは言えないでしょうが、少なくとも見ず知らずの人と一緒にいるよりは安心できるし、楽なはずです。

つまり、少しでも愛着を共有できるような関係になることが、人間関係でストレスを減らすもっともいい方法と言えるのです。

「弱さ」を見せ合うことで愛着が生まれる

では、他者と愛着を共有できる関係を構築するにはどうすればよいか？

特別な才能はいりません。ノウハウを身につければ、**誰でも愛着を共有できる人間関係がつくれます**。

まずは、前述したとおり「聞き上手」になることが、愛着を共有するきっかけとなります。

聞き上手になって話をどんどん引き出してあげれば、相手が普段は隠している弱さを見せてくれるようになります。すると、相手は自然とあなたを信用する状態になります。

そして、効率よく相手の「弱さ」を引き出すために、もうひとつ効果的な方法があります。

それが**「自分も弱さを見せる」**こと。

つまり**「弱さを共有する」「弱さに共感する」**ということです。家族では、そうした弱い部分、ずるいところ、汚いところなど、他人には見せないあらゆるものを共有しているからこそその愛着が生まれているのです。

だから、家族だったら裸も気にならないし、オナラをしても関係が破綻することはありません。愛情は冷めるかもしれないけれど、それだけで嫌いになったりはしないでしょう。

「自分の弱さを見せる」というのは、愛着をつくっていくためのコミュニケーションのいちばん簡単な方法なんです。

よく、「大阪の人間は親しみやすい」「コミュニケーションがうまい」と言われます。

これは、**大阪人には自虐的な笑いを取ろうとする特徴がある**からです。

自虐というのは、言い換えれば自分の「弱さ」を見せるということです（さらに

「笑い」は距離を一気に縮める飛び道具です。これはやや難易度が高いので、第4章であらためて説明します）。

強さを見せるのは大変です。やせがまんも必要だろうし、つらいことも多いでしょう。

それに比べると、**弱さを見せるのはそう難しいことではありません**。もちろん、弱さをダダ漏れにしろと言っているのではありません。どうやってコントロールすればいいのか、これから説明していきましょう。

ジャニーズは「弱さへの共感、共有化」が得意

「愛着をつくっていくのがすごくうまいなあ」と、私が以前から感心しているのがジャニーズ事務所のタレントたちです。**愛情は3年しかもたないことを、よくわかっている**のだと思います。

グループとしてデビューしたてのころは「ダンスがうまい」「イケメン揃い」など、かっこよさで売り出しますが、途中からメンバーの個性を出していきます。

現在で言えば、Kis-My-Ft2（キスマイ）とかHey! Say! JUMPがちょうどその段階でしょう。

ステージのパフォーマンスで輝いていたグループがCDデビュー、しばらくはかっこよさを前面に押し出します。やがてメンバーそれぞれのキャラクターを出すようになっていきます。

デビューして3年ぐらいが切り替えポイントなのでしょう。ピン（一人）で売り出したり俳優として舞台を経験させたりする。映画に出演したら、宣伝でバラエティ番組から雑誌まで登場して、少しどんくさいところや意外な素顔を見せたりしていく。

その際、かっこよさだけではなく、「努力したけど結果としてうまくいかなかった」というようなことも含めて、すべて見せていくのです。

たとえばグループの中で、ダンスがうまくないメンバーがいる。ほかのメンバーに負けないよう、自分で必死に練習してうまくなっていくという部分を見せる。そこにスポットを当てて夜中の番組で放送するのです。

そうすると、それまでは完成形だけ見て「かっこいい！」と思っていたファンが、「実は下手だったけど努力してるんだ」と、ちょっとした共感を抱くことになります。

ファンが自分の中のコンプレックスや弱さを投影して、共感する。弱さを共有化できるのです。

バラエティ番組の中でも、完璧にこなすわけではなくて、ちょっとどんくさいところを見せたりする。

中居正広さんは、歌がうまくないことを自分でもネタにすることがありますが、そうしたところも人気の秘訣であり、司会業やバラエティで大活躍している理由でしょう。

「守ってあげたい」は強い愛着

かっこよさとは真逆のような要素を出していくと、愛情が愛着に変わっていきます。

弱さやコンプレックスに共感できる要素をつくることで、本来３年しか人気がもたないアイドルが、30年ももつわけです。

長く活躍することで、苦労しながら成長していく過程や歴史までも共有することになるので、愛着も非常に強固なものになっていきます。

そうやって国民的アイドルに成長してきたのが、２０１６年に解散したＳＭＡＰです。

独立騒動が新聞の一面になり、解散をめぐって大きなニュースになったのは、何百万、何千万という人々の「愛着」を得ていたからです。彼らが、愛情を愛着に変える道筋を切り開いてきたと言ってもいいでしょう。

もし今、SMAPが突然デビューして、アイドルとしてコンサートをしたら、40歳過ぎのおじさんたちのグループですから、かなり違和感があるのではないでしょうか。「嵐」だって今ではみんな30代です。一昔前なら、立派な中年のおじさんです。でも30歳、40歳を過ぎたおじさんたちをめぐって、何十万人ものファンがコンサートチケットの争奪戦をしているわけです。

普通に考えると明らかにおかしい。あり得ない話ですが、それを現実にしているのが、**弱さもコンプレックスも、さらに歴史まで含めて共有して、ファンの心の中に生じている強い「愛着」**なのです。

大学で私の秘書を務めてくれている女性は、キスマイの藤ヶ谷《ふじがや》太輔《たいすけ》君の大ファンです。

あきれるくらい熱心に「追っかけ」をしていて、同じ藤ヶ谷君推しのファンとのコミュニケーションサイトなどから個人的な情報も仕入れてくる。びっくりするような裏情報も知っているようです。

だからといって、それを週刊誌に売ったりはしません。
たとえ女性スキャンダルだったとしても、彼女たちの心理としては、「マスコミに出ないように守ってあげよう。発覚したらかわいそう」となって、彼らを守るために、いろいろと涙ぐましいまでの努力をしているのです。

ＳＭＡＰの独立・解散問題で、何かとジャニーズ事務所が批判されました。芸能界で力を持っていることもたしかですが、ファンをうまくコントロールする掌握術にかけては、これほど長けた芸能事務所はないでしょう。

愛情は続かない、長くもつのは愛着だと、人間の本質を見抜いて成功してきたのがジャニーズ事務所なのです。

精神医学の分野では、**アディクト**（addict）という言葉がよく使われます。

直訳すると「中毒にさせる」という意味ですが、言葉のイメージとしては「惹かれて離れられない」に近い。「愛着」も同様です。かっこよさだけでなく、**ダメなところも変なところも含めて、惹きつけられる**のです。

「頑張っている人が見せる弱さ」がいちばん強い

「弱さ」を見せることが「愛着」をつくると述べましたが、これには大切なポイントがあります。

最初から弱い人ではダメなんです。**「頑張っていて弱い人」がいい。**

高校野球でも、ただ弱くてやる気も見えず、いつもボロ負けして悔しがりもしないようなチームでは誰も応援しないでしょう。

でも一生懸命頑張って強くなってきた、なんとか勝てそうなところまできているのになかなか勝てない、そんなチームがここ一番の大事な試合で負けそうだ——そんなとき、人間は判官《ほうがん》びいきになって応援したくなるのです。

ということは、**相手に弱さを見せるときは、自分が頑張っている姿勢も示すことが**

必要です。

これもジャニーズ事務所のタレントがお手本ですが、「頑張ってる感」が出ているから応援したくなるし、弱さに共感できるのです。単に弱いところを見せ合うのは傷のなめ合いですから、そんな関係は長くは続きません。

先述した「弱さを見せる」ということと、矛盾しているのでは？　と思う方もいるかもしれません。しかし、「ただ弱さを見せてもダメ」なのは、人間の脳を見ても間違いないことのようです。

人間の脳の特徴は、前頭葉が大きく発達していることです。前頭葉は「思考」「意欲」「創造性」などを司る脳の司令塔とされますが、言い換えれば「よりよく生きたい」という向上心の塊です。

つまり**人間ほど向上心を持っている動物はいない**のです。

常に進歩や向上を求めているのは、恋愛においても同じです。性欲だけでは、関係性はすぐに終わってしまうでしょう。「向上したい」という欲求も含めて満たしてくれる相手でないと、愛情も長続きしないのです。

「もうやめようよ、つまんないよね」「一生懸命頑張ったって、なんもねえよな」などと話している二人が、遠からず終わってしまうのは明らかです。

ましてや恋愛関係ではない、仕事上の関係や友人同士という場合はうまくいきません。壁にぶつかったとき、「仕方ない」とすぐにあきらめて傷をなめ合っていたのでは、相手の足を引っ張ってしまうからです。

どんな関係であれ、お互いに向上心を持って、かつ実際に向上していく中でこそ「弱さ」に共感できるのです。

「お互いが頑張っているとわかっている。そんな中でチラリと見える弱さ」に、人間はもっとも強い愛着を持ちます。ここでつながっていれば、非常に強い関係がつくれるということです。

西川史子さんが見せた一瞬の「弱さ」

「頑張ってる感」を出しながら、その中で弱さに共感させること——その格好の例が、医師でタレントの西川史子《あやこ》さんです。

裕福な家に生まれ育ち、医学生時代にミスコンで賞をとり、明石家さんまさんの『恋のから騒ぎ』（日本テレビ系）にも出演していた西川さんは、医師になってからも高飛車なキャラクターのタレントとして、バラエティ番組などで活躍していました。

結婚する以前の話ですが、傲慢な「勝ち組」らしい言動で最初は人気が出たものの、視聴者もそのセレブ感にだんだんむかついてきたタイミングでした。タレントとしての仕事が減ってきたとき、彼女が相談したのが島田紳助さんでした。

彼女は傲慢に見える振る舞いとは反対に、実は気の弱い女性です。人気番組の『行列のできる法律相談所』（日本テレビ系）に出演することになり、大きなプレッシャーを感じて、司会の紳助さんにアドバイスを求めたのです。

紳助さんのアドバイスは明快でした。

「強いだけじゃ、共感は生まれない。その中に弱さを見せないとあかん。お前な、とりあえず今までどおり、上から目線で庶民を見下ろすような発言をせぇ。そのとき、ひな壇の誰かに『そんなこと言っても、お前、結婚もできないし実は負け組じゃん』って言うように頼んでおいてやる」

当時の西川さんは独身でした。紳助さんは、**「その発言の後の一瞬の表情で、すべてが決まる」**と、知恵を授けたのです。

「ひな壇タレントに『負け組じゃん』と言われたとき、強気に返してしまうと、もうそれで終わってしまう。今と変わらない。一瞬でいいから、**くしゅんとした顔**をしろ」

その「くしゅんとした顔」を視聴者が見てくれたら、みんながグッと共感するというのです。

ほんの数秒、「負け組じゃん」というツッコミに詰まって真正面から「くしゅん」

と受け止めることで、視聴者は「高飛車だと思っていたけれど、この子、かわいいところあるじゃないか」と見てくれるんだというアドバイスがあったのです。

そこがひとつのターニングポイントだったようです。

彼女は、高飛車だけれども、実は弱点を抱えた「負け犬キャラ」として、以前にも増して人気が出たのです。

その後、結婚や離婚を経て、「強気だけど、実は弱い負け犬」というキャラクターで活躍しています。

紳助さんが引退した今でも、バラエティ番組で一緒になる出演者にツッコミをしてくれる人がいるときは、「上から発言するから強くツッコんでくださいね」とお願いしているのではないかと思います。

通常なら女性タレントに向かってはできない発言も、フリとしてあえて自分が上から発言を先にすることで言ってもらいやすくする。そのことで自分の弱みが出せる。

共感を得ることで、愛着も生まれるというテクニックです。

種明かししてみると、それほど難しいことではないとわかるでしょう。

相手の反応（ツッコミ）をうまく利用して、くしゅんとした顔で弱さを見せる。自分から弱さを強調するような話をするのではなく、ただ、くしゅんとした表情を見せるだけでいいのです。

「弱さ」というのは、そのぐらいの見せ方で十分です。自分のダメなところや弱点をべらべらしゃべっても、「ダメだな。弱い人間だな」と思われるだけで、共感などまったく得られません。

重要なのは、頑張っている中での完璧じゃないところ、なのですから。

完璧じゃないから好きになる

「自分のことが嫌い」と言う人がときどきいます。

そんなとき、私はいつもこんな話をしています。

「あなたは、大好きな人のかっこいいところや、長所ばかり見て好きになるんですか？　いいところだけじゃなくて、相手のちょっと弱いところを見ると、もっと共感して好きになるでしょ。その人の持ってる完璧じゃない部分を『かわいい』『私が守ってあげたい』と感じ、好きになることが多いのではないですか？」

あまりにも完璧すぎると、人間らしさを感じられないため、共感が得られません。

尊敬や憧れはあっても、好きにはなれないんですね。みなさんの周囲や、かつて出会った人を振り返ると、「すごいな」とは思っても、「好き」という対象ではない人がいるはずです。

素敵だと思える中に、完璧じゃない部分が垣間見えるから好きになる。頑張っているけれども、**ちょっとだけ残念なところに共感して魅力を感じる**のです。

アルバイトも何もしないで、一日中ネットで時間を潰しているだけという男性を、好きになってくれる女性はいないでしょう。

夢かもしれないけれども、懸命に俳優を目指しているとか、ぜんぜん売れないミュージシャンでも毎日ストリートで歌い、苦悩しながら曲を書いている姿を見ると応援したくなるし、支えてあげたいという女の子も出てくる。

頑張っているからこそ、悩んでいる姿を見て共感するのだし、その悩みを共有したいと思うのです。

彼の怠けてるところが好き、ということは普通、あり得ません。

頑張っているけれど成果が出ない、もう少しのところでうまくいかないというところに共感しているのです。

ヒットソングをつぎつぎ書いて、バリバリに売れていたらたしかに「すごいな」とは思うだろうし、尊敬するかもしれない。でも強い共感には結びつかないのです。

ちなみに、私は、日ごろからダイエットをしたいと思っています。

本当にダイエットしたいと思っているのだけれども、たとえば夜中にラーメンのCMを見たりすると、ついついインスタントラーメンをつくって食べてしまうことがあります。食べた後、「やってしまった感」と後悔が湧いてきます。

たしかに、深夜のラーメンはまったく褒められることではないのですが、ダイエットしようと頑張っているのについつい食べてしまう自分も嫌いにはなれない。**弱いところを好きになるのも、やはり大事**かなと思います。

完璧にダイエットして、自分の体重をきちんと予定どおり管理していける人はすごいとは思いますが、その人を好きになれるかどうか、私自身わかりません。

私は、どちらかというと、頑張っているけどダメな人間のほうが好きなんです。

診察では、そんなことを「自分のことが嫌い」と言う人に話しています。「自分のことが嫌い」と言う人には自分に厳しいタイプが多くて、「自分のここが嫌だからもう死にたい」となってしまうこともあります。

そんなとき、「異性を本気で好きになって共感するのは、頑張っているけれども完璧ではないところ。だから、自分に対しても自分の弱さをもう少し好きになってもいいんじゃない？」とカウンセリングしているのです。

自分に対して「頑張っている中での弱さを共有する」というのは、自分を好きになることでもあります。これは他者に関しても同じです。

それができると、たいして手間や労力をかけなくても、愛着が生まれていきます。

弱さは信頼できる人間にしか見せたくない

カウンセリングでは、**「あなたは、大胆そうに見えて実は繊細ですね」「強いように見えて、実は弱い一面もありますね」**と言えば、**ほぼ１００％当たります。**ご想像のとおり、このテクニックは占いでもよく使われています。

みんな、自分のことを完璧な人間とは思っていません。ゆえに、褒められるのはうれしいけど、「完璧」と評されると、その人と親しくするのがかえって難しくなることでしょう。

実は、**誰しも「弱いところを見てほしい。知っていてほしい」と思っている**ところがあります。

もちろん、誰にでも、というわけではありません。一部の信頼できる人とだけ共有したいのです。それが本来は家族です。世間に対して公開することはできません。自分の弱さを、たとえば会社の全社員が知っていたら、昇進は難しくなるでしょう。弱さや欠点を全員にさらしては、結局、競争に負けてしまいます。

一方、「頑張っているけどダメなところもある」と、会社で一部の人が知っているという場合、自分も安心感があるし、知っている人からは愛着を持ってもらえます。社内に弱さを共有できる人がいない場合、たとえば社内で愚痴すら言えない立場の経営者は、会社組織と無関係な同窓生やゴルフ友達などが対象となるようです。

どんな立場の人でも、**信頼できる人間にしか自分の弱さを見せたくない**という気持ちがあります。その一方で、**自分の弱さを見た上で好きになってほしい**という願望も持ち合わせています。

これが、**自分に対する愛着を引き出す重要なポイント**です。

先に説明したように、自分が愛着を感じていれば相手からも愛着を受けます。裏を返せば、相手が先に愛着してくれれば、こちらも愛着が湧いてくる。

よく「恋愛とは錯覚だ」と皮肉っぽく言われますが、自分が好きだと相手も好きだと思う、相手の好きという気持ちが伝われば自分も好きになる、という感情とよく似ています。

つまり、**愛着を引き出すには、こちらも愛着すればいい**。そのきっかけには自分の弱さを出すことが有効です。相手の弱さを引き出すなら、自分の弱さも共有しなきゃいけない。

信頼関係を築きたい人に対しては、まずは防御を解きましょう。勇気を持って自分のガードを下げることで、相手も防御レベルを下げてくれるはずです。

「正論ばかり」の人を好きになれないのはなぜ？

最近は「生活習慣病は自己責任だ！」という極端な意見を聞くことが増えてきました。厳しい意見に便乗して騒ぐ人もいます。

以前、「人工透析の患者は自業自得なんだから、保険医療にしなくていい。ムリだというならそのまま殺せ」とブログでむちゃくちゃな主張をしたキャスターもいました。

当然、そのブログには批判が殺到、大炎上して、すべての担当番組から降板するという〝事件〟も起きました。

増大する医療費への問題提起のつもりだったと弁明していたようですが、私は強い違和感を覚えました。**人間とはどういう生き物なのか、人間そのものについての洞察が抜け落ちていた**からです。

たしかに生活習慣病は、遺伝情報を抜きに極論すれば、「自分が弱いから罹《かか》る」という面があります。しかし、その弱さを直せ、強くなれと言っても、これはムダです。その**弱さがあるからこその「人間らしさ」**なんです。

ダイエットだって、犬や猫なら単純にご飯を減らせばいいわけです。かわいいペットがさかんに鳴いて欲しがれば、ついあげてしまうのも飼い主である人間の弱さですが……。

「弱さ」は「人間らしさ」と言い換えることも可能です。「弱さ＝人間らしさ」を失わないようにするのは、やはり大事なことだと思っています。

もちろん医療費など、今後も増大する一方の社会保障費の問題を無視することはできません。難しい問題ですが、「人間らしさ」を残した上で解決するのが医学なのだと私はずっと言い続けてきました。

生活習慣病をテーマにした講演会やセミナーでは、管理栄養士さんとしばしば一緒になります。あるとき「アレを食べちゃダメ」「こんな食べ方はダメ」「もっと緑黄色野菜を食べなさい」と、正論ばかり言う真面目な栄養士さんと一緒になりました。

でも、それを聞いている生活習慣病の人たちは「それができるなら、そもそも病気になってないよ」とテンションが下がってしまいます。

同じ講演会で私は、「摂生して健康になるのは当たり前、ほどほどに不摂生もしながら、楽しして健康にしてあげるのが医者の使命だと思っている」という話をして、反論する形になってしまいました。

いつも正論を唱える人は、「つい食べてしまう」という**弱さが認められない**のでしょう。あるいは、自分ができることは他人もできると思っているのかもしれません。

でも、実際はそうではありません。自分ができても他人にできないことはあるし、その逆もある。

愛着の話に戻ると、そういう**「弱さ＝人間らしさ」を根本に持っている人のほうが、愛着関係を持ちやすい**と思います。

正しいことばかり主張する人や、他人の弱さを許せない人は、愛着が持てる要素はすごく少ないでしょうし、人間関係をつくるのも下手なのでしょう。おそらく私は、そうした栄養士さんとは一生話が合わないいんじゃないかと思います。

正論しか言わない人には、信頼感や愛着を持ちにくいので、友達になりたくないし、相談もしたくないのではありませんか？　想定どおりの正しい答えを聞きたいときは相談するかもしれませんが。

日常のコミュニケーションの中で、愛着につながる要素を引き出していくには、**正論や正しい知識を語るのは逆効果**です。ハードルを上げるよりも、むしろ下げるほうがいい。

自分を立派に賢く見せようとするよりも、等身大か、ややハードルを下げて見せることです。自分の弱さを出すことが、相手の弱さを引き出してお互いに共有することになり、愛着へとつながっていくのですから。

相手への愛着があるというスタンスに立つと、さほど難しいことではないはずです。

第2章のポイント

□「聞き上手」になる

疲れないコミュニケーションの基本。
「うなずく」だけで7割は成立する！

□「愛情」と「愛着」

愛情は長くは続かないが、
愛着はとても深い絆を持つ

□ 相手に「弱さ」を見せる

「愛着」を共有すれば距離が縮まる

□「弱さ」だけではダメ

「頑張っている中で
チラリと見える弱さ」が最強！

□ まずは自分を好きになる

人はあなたの「完璧じゃない部分」に
魅力を感じる

□ 信頼関係を築くには、防御を解く

相手の弱さを引き出すには、
自分の弱さも共有する

□「正論ばかり」は逆効果

ハードルを下げ、自分を等身大に見せる

第3章

「人疲れ」しない距離感のつくりかた

「人疲れ」には2種類ある

第1章でも述べたように、現代は「人疲れ」に悩んでいる人がたくさんいます。

上司や同僚、嫁・姑といった従来の人間関係、対人関係の悩みに加えて、ツイッターやインスタグラム、フェイスブックといった**SNS上の友人関係も登場して、新しいつきあい方に疲労困憊《こんぱい》している人も少なくありません。**

若い人たちの中ではSNS上の友人が500〜600人いるのが当たり前という風潮もあり、メールを「即レス」しないことやLINEの「既読スルー」がいじめにつながるなど問題にもなっています。〝友達地獄〟という言葉もあるほどです。

大人でも、いちいち反応しないといけないと思っている人はいますし、多くの人が人間関係で疲れ果てているようです。

メンタルに負荷がかかってストレスになるのは、上司と部下、嫁と姑といった、一方の立場が強くてもう一方が弱いという人間関係だけではありません。友人同士のような、表向きは対等な人間関係もストレスになり得ます。

こうした**人間関係のコミュニケーションから「人疲れ」してしまう**のですが、もうひとつ、**他人との物理的な距離によるストレスから引き起こされる「人疲れ」**も少なくありません。

これはとくに都会に住んでいる方に多い問題です。家も狭いし、街に出れば人があふれています。どこに行っても自分の空間が非常に確保しにくい。

一例をあげると、今、東京では昔ながらの喫茶店はあまり見つかりません。隣のお客さんとの距離がものすごく近いカフェばかりです。空間が狭くて、物理的な距離によるストレスを受けやすい状態になっているのです。

私も、ほっと一息つこうと入ったカフェの席が、見ず知らずの人と肩がくっつきそうなくらいの距離でびっくりしたことがあります。これは本当に居心地が悪いです。

一人でカラオケに行く人がたくさんいるというのも、ストレス発散よりも、むしろ一人になりたいという理由からではないかと思います。

先日は大阪で2時間ほど時間が空き、パソコンで作業する必要もあったので、久しぶりにインターネットカフェに行きました。

お昼の1時半を過ぎたころで、ガラガラだろうと思ったのですが、何軒か回ってどこも満員でした。女性客も多くて、やはり一人になりたい人が多いことを再認識しました。

「人間関係による疲れ」と「他人との物理的な距離による疲れ」という二つの「人疲れ」は、どちらも自律神経を疲弊させて内分泌系が乱れ、放置しておくと免疫系まで変調してきます。

脳の疲労から始まって体に悪影響を及ぼす点では同じですが、対処法は違います。

まずは「物理的な距離による疲れ」から述べていきましょう。

都会に住む人ほど、一人になる時間が大事

「週末買い物に行ったら、人ごみで疲れた」

「テーマパークで2時間待ち。もうクタクタ」

よくあることですよね。もちろんこれも脳が疲労しているわけですが、人間と人間との距離が近すぎる状態はストレスになるのです。

たとえ「人づきあいが得意！　知らない人とのコミュニケーションが楽しい」という人であっても、満員電車のような狭いところに大勢でいるのは疲れます。

東京のような大都市で生活していると、**否応なしに人間と人間の距離が縮められている**ので、多少は慣れてきても限界があります。**ストレスは蓄積している**のです。

これは人間に限りません。ラットを飼育用の容器に2匹入れると、一日で胃潰瘍を

起こします。

ラットのサイズからすると、ひどく狭いわけではありません。自分の体の2倍ぐらいの距離にほかのラットがいるだけで、胃潰瘍を起こすほどのストレスを感じていることになります。

人間なら3メートルくらい離れていることになりますが、そんなゆったりとしたオフィスで働いている人はほとんどいないのではないでしょうか。

人間の場合、第1章でも述べたように、発達した前頭葉のおかげで疲労感のマスキングも起こるので平気でいられるのでしょうが、これほど近い距離に大勢いる状態は、動物として明らかに異常です。

ストレスの蓄積によって、心身に不調が現れてもおかしくはありません。

しかし、現実的に広々としたオフィスは望めないという場合、**大事なのは一人になれる空間**です。誰にも気を遣わない、自分の知らない人も知っている人も周りにいない状況に身を置くことです。

たとえば**1～2時間に一度、ほんの5分でいいので、トイレの個室で一人になる**と「人疲れ」はかなり回復します。

更衣室でもどこでもいい。回復のために理想的なのは**「誰にも見られていない状態」**ですが、要は自分が一人になれる時間をどこかでつくることです。

「人疲れ」はこまめにリセットする

脳疲労のリフレッシュには、**数時間に一回しっかり休息するよりも、こまめに短く休息したほうが効果的**です。脳の神経細胞の性質が、そうなっているからです。

神経細胞の状態はオン（活動状態）とオフ（休息状態）しかありません。

オフからオンに切り替わるには、電気信号がある一定の「閾値《いきち》」を超えなくてはいけません。

「閾値」というのは、興奮を起こすために必要な最小限の刺激の大きさのことで、「閾値」未満では何の反応も起こらずオフのまま。少しでも超えるとオンになります。

同じ神経細胞ばかり使って疲れが溜まってくると「閾値」は上昇する性質があるので、オフからオンに切り替えるには、より大きな刺激が必要になります。

つまり神経細胞は鈍くなるのです。これは素早い情報処理ができなくなるということなので、脳全体の作業効率が低下します。これが、脳が疲弊する理由のひとつです。

一度「閾値」が上昇してしまった神経細胞は、しばらく刺激がまったくない状態にしないと、元の敏感さに戻りません。

この性質があるので、数時間に一回の長い休息よりも、こまめな短い休息のほうが「閾値」の上昇を抑えられ、情報処理能力の低下も防げるのです。

したがって、**ドライブのときは3時間走って15分休憩するよりも、1時間走って5分休憩するほうが、脳の疲労は溜まりにくくなります**。

オフィスの仕事による疲れも、人疲れも同じです。

「あぁ、もうすっかり疲れて、目がしょぼしょぼ……」となってから休憩するより、そうなる前に短い休憩をはさんだほうが疲れないし、ずっと効率がいいのです。

喫煙者はときどき席を立って、タバコを吸いにいくことが許容されているのですから、**非喫煙者にもそうした気分転換は必要**でしょう。疲労回復のために5分くらい個室にこもることは、もっともっと推奨されてもよさそうです。

職場の近くに住めば、慢性疲労が楽になる

人から適度な物理的距離をとることで、仕事の効率も上がるし、また「人疲れ」もかなり防げます。

一人になれる自分の空間があればいいのですが、オフィスで仕事をしていると、なかなか見つからないかもしれません。

昼休みに、「節約したい」「時間がない」という理由で、**デスクで昼食を食べている人も多いですが、これは人疲れの回復を遅らせてしまいます。**

パーテーションで区切られた空間で仕事をしている人はまだしも、普通のオフィスで隣や背後に人がいる状態では、脳の疲労をリフレッシュできません。

お弁当を持ってくる人も多いと思いますが、天気がよければ、屋上とか公園とか、どこか自分だけの場所で食べたほうが脳の疲労回復には効果的です。

「誰かと一緒にいないと、自分が浮いているように思われるんじゃないか」と、一人になるのに抵抗のある人がいるかもしれません。

しかし、休憩時間は本来リフレッシュのためにあるのですから、**1時間の休憩なら45分は人と一緒でも、15分は一人になる時間を持つ**ようにしたいものです。

友達と一緒にご飯を食べる人は、人づきあいがよくて友達が多いと思われがちですが、自然な状態での人間はそうではないのだと知っておくことも必要です。

満員電車での通勤時も仕事中も、ずっと狭いスペースに人がいるところで過ごしていて疲れがなかなか取れないなら、一人になれる時間、空間を探しましょう。

トイレでも、ビルの非常階段でもいい。ベストなのは周りに人がいない空間ですが、それが難しい場合、喫茶店でも書店でも、心理的に自分一人になれて、できるだけゆったりしている場所なら大丈夫です。

席の間隔が近すぎて、隣の人と肩が接してしまうようなカフェでは、かえってストレスになるので効果がありません。

人疲れに陥っている患者さんには、「お金が許すなら、満員電車になんか乗らないで会社に近い街中に住みなさい」とすすめています。

幸い、街中にも安価で借りられるワンルームマンションが建っています。遠方の2DKを借りるなら、街中で狭くてもいいから、とにかく自分の場所を持ちなさいと言っています。

オフィスのすぐ近くのワンルームマンションに住んでいれば、昼休みにちょっと帰って一人きりになれます。

実際、そうやって**慢性的な疲労感が消えた**という方もいます。

昼休みに徒歩5分ほどのワンルームに帰って、5分ほど寝転がった後、着替えてまた会社に戻るという女性もいます。「着替えるとまた気分が変わって楽」なのだそうですが、一人になれる空間を持つことは非常に重要なのです。

夫婦でもベッドは別がいい？

周囲の人とひじや肩が当たる距離は、もちろん大きなストレスです。毎日、満員電車での通勤に慣れている人でも、いつもと違う時間帯に出社したら車内が空いていてずいぶん楽だった、疲れ方が違うと感じるのではないでしょうか。

ちょっと極端ですが、私は新幹線で大阪と東京を往復する際、疲れているときには隣の席の指定券も買います。新横浜―名古屋間を買っておけば、新大阪まで隣に人が座ることはまずありません。

映画館でも、リラックスしたいときに隣に座られたら絶対に嫌だなと思うので、隣の席も子ども料金で一緒に買っています。

そうやって**自分の空間を確保するだけで、疲れは明らかに軽減されます。**

人と接触しない状態で自分だけの空間を持つのは、家庭内でも大事です。

「気を遣わないのが家族」と前述しましたが、物理的な距離が近すぎる状態でずっと過ごすのは、家族であってもストレスになります。

ラットの場合も、なんとなく群れているイメージを持っている人がいるかもしれませんが、常にくっついたり、もつれあったりしているわけではありません。親子ならともかく、成長すれば離れていきます。くっついているのは繁殖するときです。


肌が触れ合っているのが〝癒し〟だと思う人もいますが、実はストレスの要因です。だからカップルがダブルベッドで寝ることもおすすめできません。

物理的な視点から見ても、**体温を移し合ってしまって自分の熱を発散できないため、睡眠の質がかなり低下します**。

また、一方の寝相が悪ければ、やはり安眠が妨げられます。良質な睡眠は疲労回復にもっとも大切ですから、医学的に見てあらゆる面でマイナスです。

ＮＨＫの番組で、ご夫婦を指導してベッドを別々にしたことがあります。別々にするのに抵抗していたのは旦那さんでしたが、奥様は熟睡できるようになって、ほっとされたのではないでしょうか。

実際、ベッドを分けたことで疲労度はかなり回復しました。

疲労を二日以上溜めると危険

「人疲れ」の解消にもっとも大切なのは、疲労を溜め込まないことです。

第1章で説明したように、疲れやストレスに最初に対処するのは自律神経ですが、そのままの状態が続くと、内分泌系まで影響を受けてしまいます。

疲労を溜め込んだ状態を医学的に言えば、「内分泌系が作動して、コルチゾールというステロイドホルモンが増えてしまった状態」のことです。そこまでいってしまうとなかなか戻れません。

「今週は疲れたわぁ」と、週末ずっと寝ていても疲れが取れなかった、という人も多いのではないかと思います。

しかし、内分泌系が動き出す前、**自律神経がコントロールしている段階であればリセットは簡単**です。

こまめに5分ほど休息を取るのがベストですが、折りを見て15～20分、一人の空間でほーっと大きなため息がつけるような状態でいると、まったく変わってきます。

スマホなどは見ず、ぼんやりとしていましょう。理想はもちろん眠ることですが、平日はなかなか難しいので、**目を閉じてボーっとしているだけで十分**です。

一人きりになれなくても、人と触れ合わずにすむような喫茶店の片隅や、駅のベンチでもかまいません。5分でも10分でも、そんな一人の時間を常に意識していただきたいと思っています。

自律神経が体の状況をコントロールしようと頑張れるのは、それほど長い時間ではありません。

本来の日内変動とは別に、自律神経の持続的な疲れでコルチゾールが増えてくるのは、36時間から48時間後です。つまり、二日もすれば早くも内分泌系に影響が現れてくるのです。

だから、**疲れは二日以内に解消するのが望ましい**。自律神経の段階でぐっすり眠って疲れをきちんと解消しておくと、深刻な状態にならずにすみます。
内分泌系が働いた状態が長期化して、免疫系が動かざるを得なくなると、もう一日や二日では治らなくなってしまいます。できるだけ早く、そんな負のスパイラルを断ち切らなくてはいけません。

「人疲れ」に限りませんが、疲労は溜まれば溜まるほど回復しにくくなります。しかも、悪くすると元に戻らなくなる。
つまり**老化にもつながっていきます**。

「苦労は顔に出る」と聞いたことがあるでしょう。苦労している人は顔が老けているというのは、医学的にも説明ができる事実です。

現代人に新しい「人疲れ」が増えている

「人疲れ」を起こしている人は、決して**人づきあいが下手なわけでもないし、心が弱いわけでもありません**。どこかに異常があるということもありません。「人疲れ」を起こすような、現代の環境が異常なのです。

もともと自然界にない状態が、ここ数十年で一気に加速してしまって、人間の適応能力をはるかに超える状態になっている。それが「人疲れ」を起こしているのです。

現代、とくに大都市は、自然にはあり得ない環境です。都会の住環境や、満員電車での通勤事情など、私たちはそれを仕方なく受け入れていますが、人間はそこまで密集して生活するような性質や能力を持ち合わせていません。

今の人類が地球に登場して約20万～50万年と推測されていますが、これだけ人口が密集したのは、せいぜい100～200年前といったところでしょう。

ごく短期間に密集して住むようになったのですから、物理的な距離が近すぎるとストレスを感じるのも当たり前。

一日中狭いところにいて、たえず周囲に誰かがいるような環境で生活するようには、遺伝子に書き込まれていないのです。


さらに言えば、急速に普及した**SNSによって過剰なまでに広がった人間関係**も、やはり自然界にはありません。

「友達は多いほうがいい」と信じていて、いつのまにか疲れきっている人は、コミュニケーションの適応能力を超えてしまったのかもしれません。

もともと自然界になかったことは、人類の進化の歴史の中で経験がないので、私たちは対応できるような遺伝子を持っていません。当然、体は対処の仕方がわからない。

したがって、そのまま放置しておくと必ずトラブルの原因になってしまうのです。

「人疲れ」を解消するには、そういった面からも、人間本来の体の仕組みに沿った方法、つまり**遺伝子に逆らわないやり方が効果的**です。

自律神経がコントロールしようとしているうちにリセットして、疲れを溜め込まないようにする——これがいちばん合理的な方法なんです。

無理して人に会わなくていい

もうひとつの「人疲れ」、人間関係による疲れには、どう対処したらいいのでしょうか。

「ウマの合わない同僚がいる」「上司と折り合いが悪い」「友人だと思ってきたけれど、こんなことを言われた」など、人間関係で悩んでいると、誰かに相談したくなります。**たしかに「話してすっきりした」というケースもあるでしょうが、実は、そこに落とし穴が潜んでいます。**当然、相談相手とコミュニケーションをとることになりますが、それがまた災いすることもあるからです。

たとえば、すごく「人疲れ」していて、本当なら帰ってぐっすり眠ったほうがいいのに、相談相手に「じゃあ今日、会社の帰りに話を聞いてあげるよ」と言われた場合。仕事と人間関係ですっかり疲れているのに、ご飯を食べにいって、またそこで疲れるということになってしまう。**お酒で鬱憤を晴らしていると、量にもよりますが、アルコールは睡眠の質を下げるので、結局疲れを蓄積することになりかねません。**

ほとんどの悩みは、相談して解決することはありません。多くの人が、そんなことはわかっています。「話を聞いてほしい」というのがメインであることくらい、相談する人もされる人も、経験的に理解しています。

であるならば、**疲れきっているときには、無理して人と会う必要はありません。**「相談を持ちかけといて、ドタキャンしたら悪い」という気持ちもわかりますが、休息より相談を優先する必要はないのです。

「モヤモヤを発散してしまいたい。帰ったって眠れない」というときなど、たまにはいいのですが、それを毎日繰り返していると、ますます疲れが悪化します。

「人疲れ」を起こしているときは、人に会わないのが本当はいちばんの治療法です。人に疲れたときは、一人になること――当たり前のことではありますが、案外、知られていないようです。

AIにはできない人間のすごい「手抜き」能力

ところが、「友達がいないのはダメな人間」といった〝常識〟にとらわれていると、「疲れていても、誰かに相談するのが当たり前」と考えがちです。

さらに「疲れたから一人になりたくてこもっている」という自分が好きになれないという人も出てきます。

SNSの普及で、コミュニケーションの質も量も、急激に変わってきています。人類が経験してこなかったような状況に、私たちの脳が対応できないことは先に触れたとおりです。

ともあれ、今、多くの人が〝常識〟と思っていることは、昔からの惰性だったり、何の根拠もない誤った情報だったりすることも多いものです。

当たり前とされていることが実は自然に反していて、すごく無理をしていることが

たくさんあると気づくと楽になるはずです。

物理的な距離でも、コミュニケーションする関係としても、現代は人と人との距離が近すぎるので、うまく息抜きをしていくことが重要になっています。

会社勤めをしていると、いつも全力で100%の能力を発揮することが求められます。それを前提に、人員の数も決められているのです。

心理学でも精神医学でも、人間を対象にいろいろデータをとって研究するとき、人間は常に100%の能力を発揮するものとされています。さまざまな実験の数値も、被験者が100%の能力を出していることを前提として統計的な処理をするわけです。

ところが**実生活の中では、デスクワークにせよコミュニケーションにせよ、みんな適当に手を抜いています**。もう少し穏当な言葉だと「**ほどほど**」**にやっている**のです。

人間は手を抜くことにかけては非常に優れています。「問題の起きない範囲で適当にすませる」なんてことは、ロボットやＡＩ（人工知能）にはできません。

これがいきすぎると「やっつけ仕事」だといって叱られたり、信用をなくしたりすることもあるわけですが、救われている部分もある。

たとえば、会社勤めをしていて、何日も徹夜しなくてはいけない状況の中で、真面目に100%の能力を発揮したら三日で倒れてしまうでしょう。それでもがまんして頑張っていると、過労死の危険性が非常に高くなります。

通勤でつらい思いをしても、仕事中に休めるから続いているという面もある。つまり、悪影響のないところで適度に手を抜いているから、なんとかやっていけるのです。


手を抜くことは、決して悪いことではありません。適度に手抜きをすることは、人がコンピューターに勝てる数少ない能力のひとつであり、**手抜きしてしまう自分を責めてはいけません。**

むしろ、**手抜きをうまく利用することが疲れを起こしにくくするコツ**と言えるのです。

悩みは箇条書きにして「解決できる」「できない」に分ける

コミュニケーションをとるときの距離が近すぎるために、「人疲れ」している人はたくさんいます。**人間関係の距離はコントロールできるものなのでしょうか？**

これは、自分でコントロールできる関係と、できない関係があります。

たとえば、友人との距離はある程度自分で調整できますが、上司と部下の関係になるとそうはいきません。

お互いのポジションが決まっているので、距離を縮めたり離したりするのは難しい。ことに部下の立場だと、受け身に回ることになります。姑に対する嫁の立場も基本的には受け身です。

さまざまな悩みで行き詰まってしまった場合、カウンセリングの手法として、**「自**

分の努力次第で解決できること」と「絶対に解決できないこと」を箇条書きにして整理します。

とくに若い女性に多いのですが、恋愛にせよ職場の人間関係にせよ、悩んでぐちゃぐちゃになっていることがあります。

とりとめなくしゃべっていても、箇条書きにして論点を整理すると、たいていは10個以内に収まります。それを関連づけていくと、**3〜4個、多くても5個**ぐらいになるので、その中で解決可能なことと、絶対に不可能なことに分けるのです。

努力次第で解決できることに関しては、その努力の方法を具体的に考える。解決できないことに関してはあきらめさせる。これがカウンセリングの基本です。

仕事の要求水準が高い上司について悩んでいる場合、その要求に応えられそうなら、手抜きしてできる方法を考える。上司のことが「生理的に嫌い」というならあきらめる。

「あきらめる」といっても、「ただがまんする」ということではありません。重要なのは**「価値の置き換え」**で、別の見方に導いて納得できればいいのです。

嫌いなものを好きになろうと努力する必要はありません。

嫌いな人とつきあうのは「仕事」と割り切る、たとえば**上司に接すること自体が自分の仕事だと考える**のです。

たとえば、「私の仕事は、営業事務でエクセルを扱うことではなくて、上司に対するサービス業だ」という考え方に変えていく。さらに、その仕事が対価（給料）に合うか合わないかを自分で計算してみる。

嫁姑問題で、「どうしても義父母とうまくやっていけない、でも縁をすっぱり切るわけにもいかない」という場合もあるでしょう。

生物学的にも、嫁は義母のことが100％嫌いなので、うまくいかないのも当然です。**嫁の85％が嫁姑問題に悩んでいるとも言われますが、その状況自体はあきらめるしかありません。**

であれば、「価値の置き換え」をしてみます。たとえば義父母の生命保険を含む遺産の額を計算して、仮にそれが7000万円だとしましょう。

一方、あなた（お嫁さん）が、これから義父母と接触して嫌味を言われる時間、会話する時間はどのくらいあるでしょうか。

仮に、義父母が老衰で元気がなくなるまで今後20年間、1日に30分間、嫌味な話を聞く場合、その総計は3650時間となります。

7000万円の遺産が3650時間で手に入るのなら、時給約2万円のアルバイトをしていることになります。

時給2万円は、銀座のホステスより高い。それを、家で内職としてできるとしたら、こんなにいいバイトはない――という方向に持っていくわけです。

要は、自分の考え方の中で固執していることから、少し視点を変えていく。

悩んでいるときは、ものごとの一面しか見ていないので、自分ではなかなか気づきにくいのですが、**第三者になったつもりで考えると「違う側面があるな」と気づける**のではないでしょうか。

LINEでも相手と上手に距離をとる

「人間関係をうまくやる」とか「いいコミュニケーション」というと、距離を近くすることだと誤解している人が多いのですが、**重要なのはちょうどいい距離を保つこと**です。

「人疲れ」しないためには、**近づきすぎたら離れる**ことが大切になります。

ある程度は自分で距離をコントロールできそうな、友達や同僚、あるいはPTAのメンバー同士といった関係でも、トラブルになって疲れているケースがよくあります。

人間関係には、それぞれちょうどいい距離があるので、近づくだけではなく、当然、離れることも意識したほうがいい。

異性との関係ではよく、「友達だったら何年も続くけど、恋人になると3か月で別れる」などと言われます。10年くらい不倫の関係が続いていて、ようやく結婚したら1年で別れてしまったというのも、ありがちなパターンです。

遠ければ近づく、近づきすぎたら離れるのが、人疲れしないコミュニケーションのための原則です。

離れるのは、近づくよりもずっと簡単です。

今どきのコミュニケーションでは、メールやLINEなどのやりとりをしているでしょう。その際、**できるだけ客観的に返す**。失礼のない程度に、感情の入らない文章が何回か続くと、相手に「この人は離れたがっている」と伝わります。

ちょっとしたコツもあります。**メールやLINEなどを送ったとき、末尾に「?」がつかないようにする**ことです。

たとえば、「明日、ホームパーティーを開きますが、お越しになりませんか?」と打つと、返事を求めていることになりますが、「明日、ホームパーティーをやるんです。多くの方が来てくれるのが楽しみです」であれば、送りっぱなしにできます。

この末尾に「?」をつけないというのは、相手に近づこうとするときも負担をかけないという意味で有用です。

とくに、自分が好意を抱いている相手には「?」のつくメールを出してしまいがちです。そうすると、相手には返信を強要された印象を与えてしまい、近づきたい自分の気持ちとは逆に、**相手の心には距離を置きたい心理が芽生えます。**

すでに若い人たちの間では、「?」のつかないメールを送ることはマナー化している面もありますが、意識して心に留めておきましょう。

女性の人間関係でいちばん多い悩みは？

疲れきってクリニックを訪ねてくる人たちの悩みを聞いていると、**「距離感が変」な人**の話題がよく出てきます。

人間関係でヘトヘトになるくらい疲れている人は、「距離を置こうとしても、相手がどんどん近づいてきてしまう」という悩みを抱えていることが少なくありません。

実は、**女性同士の人間関係の悩みでいちばん多いのが、「境界性人格障害**（Borderline Personality Disorder）**」の傾向を持つ人が関わっているケース**です。

小学生のころは、みんな「近い」「同じ」という共通項で友達になります。「席が近い」「家が近い」「同じ塾に通っている」といったきっかけで仲よくなる。

そしていったん友達になると、トイレに行くのも一緒、習い事も観るテレビ番組も一緒になります。「親しい」イコール「近しい」なので、この傾向はとくに女子に顕著です。

しかし、成長するとともに「学校で親しいのはこの子」「趣味が合うのはこの子」「部活のときはこの子」といった調子で、場面ごとに違う友達をつくるようになる。

これが自然な形です。さらに、大人になれば、「映画を観るならこの人」「イタリアンを食べるならこの人」「服を買いにいくならあの人」といった具合に、TPOによって友達を選ぶようになります。


ところが年齢を重ねても、自分の好きな友達のことを「すべて自分と同じことを考えている親友。最高の友達！」と信じ込んでしまっている人がいます。

これは「境界性人格障害」の症状のひとつです。

たとえば買い物をするのも、映画を観るのも、食事に行くのも、トイレに行くのも、**すべて自分と同じ行動をすれば相手も満足だろうと思ってしまう。**

つまり、**自分とすべての価値観が同じだと思っている**のです。それゆえ、その友達を「かけがえのない無二の親友」と考え、「私のことをすべて理解し、助け合える親友」と勝手に思い込んでしまうのです。

「境界性人格障害」を持っている人は、その大半が女性で、女性全体の5％にこうした傾向があると言われています。オフィスに女性が20人いれば、一人くらいこのタイプの人がいることになります。

さらに、その3～4人に一人は、会社勤めをするのも困難になります。

しかし、ただ「風変わりな人」「ちょっと面倒くさい人」という程度で、本人も周囲も苦痛でなければ、通常は治療の対象ではないですし、実際、**治療によって改善することは非常に難しい疾患**でもあります。

このタイプの人の特徴は、**「見捨てられ不安」が強い**ことです。

そのため、近づくことに一生懸命で、離れることを知りません。

すごく親切という特性もあるので、最初は「積極的ないい人」だと思っているとどんどん迫ってきて、結局、仕事が終われば毎日一緒にいる、週末も一緒にいるということになっていきます。

友達になった人は、そうなると、さすがに距離を置きたくなります。

そんなときに「一緒に映画を観にいこう」と誘われて、自分はあまり興味のない映画だったから「私、行かない」と断ったとする。その時点で「あの子は私を裏切った」とスイッチが切り替わってしまうのです。


つい昨日まで、周囲には親友だと触れ回っていたのに、手のひらを返したように悪口を言いたてたり、同情的な人の気を引こうとして相談を持ちかけたりします。

また、非常に嫉妬深いので、友達が別の人と親しくなりかけたら、その人に向かって「あの子があなたの悪口を言っていたよ」とウソの告げ口をして引き離そうとすることもあります。

どんどん近づいてきてペースを乱す上、周囲の人間関係を傷つけ、こじらせていきます。これでは疲れきってしまうのも当然です。**「人疲れ」する要因の中でも、これはもう最強の〝地雷〟でしょう。**

なんでもわかり合える「完璧な親友」

「境界性人格障害」の人は、相手のことを「あっ、やっとなんでもわかり合える親友に巡り会えた」と見ています。**友達を理想化・万能化して、自分にぴったり合う完璧な友人だと信じて疑いません**。

ところが当の相手には、自分の友達もいるし、自分なりの予定もしたいこともある。それがよくわからないから、よかれと思ったとおりに振る舞ってしまうのです。

私たちは、母親に依存しきって何をするにも一緒だった幼児期を経て、成長とともに心の中で対人関係の距離を測り、ちょうどいい距離を保てるようになっています。

前述のように、小学校に通うようになって親しい友達ができると、トイレに行くのも、ご飯を食べるのも一緒になります。それが中学・高校に進むにつれてＴＰＯによって友達が分かれて、始終一緒ということはなくなっていきます。

これは、距離が開いていく過程とも言い換えられます。

つまり、母親とはほとんどゼロだった距離が、小学校では20センチくらいになり、だんだん距離が離れていくわけです。成人になると1・5メートルくらいが友人同士にとって居心地のいい距離とされます。

ところが「境界性人格障害」の人たちは、距離が20センチやゼロでないと不安に感じる状態のままで年齢を重ねているわけです。

彼女（統計的に、ほとんどが女性です）たちは、それだけ依存したいという気持ちが強いので、**一度、友達として認識すると徹底的に近づこうとします。**

普通に1・5メートルくらいの距離がちょうどいいと思っている人は、つきあいきれなくなってしまうのです。

「境界性人格障害」の人やその傾向を持っている人には、**知能指数が高い人もいます。**

すなわち、〝裏切り者〟をおとしめようとしたときに、いろいろな手段を考えるのが得意という困ったタイプです。上司や共通の友達を巻き込むようなトラブルもよく起こして、周囲はひどく振り回されてしまうことになる。

その反面、親切で積極性に富んでいる面があるので、それがリーダーシップのように見えることもあります。

また一見親切で明るく、自分からイニシアティブをとるので、人物像がはっきりとわかるまでは、おとなしい周りの人たちが誘導されてしまう場合もあります。

さらに、「境界性人格障害」的な人たちがいじめのリーダーになっていることもめずらしくありません。

日本の企業は、「和」を乱すような人を採用したくないので、こうした人は履歴書や面接で見抜かれて不採用になることが多いのですが、知能指数が高く、一見明るい人の場合、見抜くのは容易ではありません。

また、最近は派遣社員で職場に入ってくるケースが増えて、トラブルになることが増加しているようです。

魅力的なトラブルメーカー

仲がよくなると徹底的に親しくなるけれど、いったん仲違いするとまったく断絶してしまうような、ちょっと極端な人はときどきいます。もちろんどんな人でも、ときには友人と不仲になることもあるでしょう。

でも、親しかった人のことを何時間も罵倒して止まらないとか、女子会だ、旅行だといっていつも一緒にいた〝親友〟と、突然不仲になって関係が切れてしまうといったことは、普通は「よくあること」ではありません。

もし、それが**半年に一回とか、3か月に一回とかだと、ちょっとおかしい**。年単位のつきあいがあれば、そうしたこともわかるのですが、派遣で来ている人だったりすると友人関係まではわかりません。

先述したように、実際には依存度が高い人が親切に見えたり、リーダーシップがあるように見えることもあるので、短期的にはけっこう魅力的に見えてしまいます。

とくに男性の上司は、若い女性が親しげに近づいてくるのでつい優しくしたりしますから、案外、居心地がいいのでしょう。上司にどんどん距離を詰めていって気に入られると、それがまたトラブルの原因になるわけです。

上司と不倫したあげく、その上司が裏切ったと告げ口や悪口を触れ回って、会社や上司の家族がぐちゃぐちゃになった例も見てきました。

行く先々で、男女にかかわりなく親しくなる人がいるのですが、数か月後には周囲を振り回して、親しくなった当事者も周辺も疲弊し、本人は辞めてしまう。その繰り返しになります。


知能指数が高いタイプだった場合、「気の強い人」とだけ見られることがあります。社会に出て、それなりの地位に就くと、**好き嫌いで判断したり、激しくて攻撃的だったり、いちばんタチの悪い上司になります。**

本人は「自分がいちばん苦労している」と思っているのですが、もちろん部下はもっと苦労しているわけです。

インテリジェンスが高くて知的な話もできるので、本人としては理路整然と話しているつもりです。ただ、**威圧的で、人をすぐバカにして、問題が起こったときは人のせいにする**という特徴があります。

社会生活はなんとか営んでいますが、周囲との人間関係は大混乱、「アラフォーになっても私が結婚できないのは、選びすぎていたからだ」という言い訳をするのが典型的なパターンです。

優秀な人は外資系に行ったり、海外で働いたりして「私の力は海外にいるから発揮できるんだ。日本がなじまないんだ」と考えます。

結婚しても何度も失敗します。しかし何度も結婚相手が現れるのですから、やはり魅力的に見えるのはたしかなのでしょう。

「境界性人格障害」の人との接し方

周囲にこのタイプの人がいた場合、どう接するのがいいのでしょうか？

最初から「ちょっとこの人、変わっているかも」と思っても、単に感覚や価値観が違うだけかもしれません。仲間はずれにしたり、排除したりはしないのが健康的な社会です。

でも、人間関係がめちゃくちゃになって、疲れきるのは困ります。

「境界性人格障害」的な要素を持った人との接し方のポイントは、**グイグイ来たときに客観的に対処する**ことです。

たとえば、頻繁にメールやＬＩＮＥが来て、買い物や映画に誘われたとき、自分も興味があればいいのですが、そうでなければ「その映画、興味ないから今回はやめとく」と返しましょう。**失礼にはならない程度に、さらりと返信します。**

自分の都合を変更したり、興味もないのに「せっかく誘ってくれているのに、断ったら悪いから」などと思って合わせたりしていると、ある日、彼女にとって不本意な返事をしたとき「裏切った！」となってしまいます。

望ましいのは、**相手が一歩迫れば一歩退く**。

近づいてくるなら退いて、最初からいつも「このくらいの距離の人なんだから仕方ないな」と思わせる距離感でいることです。

とはいえ、最初はどんな人かわからなくて、後から気づくことが多いものです。親しくなってしまうと、徐々に離れていくしかありません。

「同じ職場だし、大騒ぎにならないようにしたい」というのなら、一定の距離が保てるまで少しずつ、ほんの少しずつ離れていくのがベストです。

感情のこもったメールは、少しずつ客観的なメールへと変えていく。**10回誘われて8回つきあっていたというのなら、6回、4回、3回と徐々に減らしていく**。時間はかかりますが、その間に自分との距離について学んでくれる場合もあります。親しくなりたい人を新たに見つけることも得意だったりするので、別の人へと関心が向くこともよくあります。

ときどき、被害に遭いながらも「なんとか治してあげたい。周囲の力でなんとかなりませんか？」と尋ねる心優しい人もいます。しかし、残念なことに本当に「境界性人格障害」であれば、**本人やその周囲の人が治すことは絶対にできません。**もし彼女（患者さん）が今25歳だとすると、おそらくその症状は10年以上前から起こっていたはずです。

人格はすでにつくられているので、医学的にもすぐに治す方法はありません。まして、彼女があなたのことを「無二の親友」と思っている場合、あなたに対して感情的な行動に出る可能性もあるので要注意です。

できることは、周囲が接し方を変えていくことです。

「境界性人格障害」の人は、アクティング・アウト（acting out）と呼ばれる、突発的に暴力的になって、物を投げるなど破壊的行動を起こす状態になる可能性があります。それを避けるためにも、冷静に少しずつ距離を置いていくことが大切です。

ただ、すでに親しくなっている状況では、最終的には「あの人は私を裏切った！」となってしまうのは避けにくいので、そうなっても**過度に受け止めない**ようにしましょう。

第3章のポイント

□ 特効薬は「一人になる」こと

1 ～ 2時間に一度、5分だけ個室に入る

□ お昼の過ごし方

デスクでの食事、席の間隔が狭いカフェはやめよう

□ 休息はこまめに

一人の空間で、スマホは置いて、
目を閉じてボーっとする

□ 相談しても解決しない

「人疲れ」のときは無理して人に会わなくても大丈夫

□ 悩みを箇条書きにする

「解決できる」(→努力の方法を考える)と
「解決できない」(→あきらめる→
「価値の置き換え」をする)に分ける

□ LINEの作法

ちょうどいい距離を保つ。
客観的に返す。「？」をつけない

□「境界性人格障害」の人との接し方

グイグイ来ても客観的に対処する。誘いには
さらりと返信して断る。徐々に距離をとる。
本人や周囲が治すことはできない

第4章

お笑いの天才に学ぶ、コミュニケーションの真髄

「社交的な笑い」と「共感の笑い」

第2章で、疲れないコミュニケーションの基礎技術として、「聞き上手になって弱さを引き出し共感、共有化する方法」について説明しました。

相手の話を興味深く聞きながら、自分のダメなところや弱さをうまく見せてあげると、相手も弱さを見せてくれて信頼感が生まれる。互いの弱さに対して共感できて、「愛着」へとつながっていきます。

そんな**人間の心の特性を使うことで、さほど無理することなく、人づきあいの達人にもひけをとらない、いいコミュニケーションがとれる**のです。

弱さを見せるのは難しいことではないので使いやすい手法ですが、愛着を得るまでに何段階もあるのが難点です。また、よくしゃべる相手なら聞き役に徹することができるので楽なのですが、無口な人だと困ります。

その点、「笑い」は〝飛び道具〟になります。つまり、**一瞬で相手の共感を得ることができるので、一足飛びに距離を縮めることが可能**です。**人間関係を築くにも保つにも、いちばん大事なのは「笑いを保つこと」**と言っても過言ではありません。

もちろん、「笑い」にもいろいろあります。

たとえば「社交的な笑い」。初対面のときは、誰でも笑顔をつくってコミュニケーションをとり始めます。スキャンダルを報道されたタレントのマネージャーと雑誌記者のような、よほどの敵対関係でもなければ、仏頂面で名刺交換する人はいません。

笑顔は「あなたに好意を持っていますよ。興味もありますよ。敵意はありませんよ」といった意味合いで、相手にいい印象を与えるのは世界共通です。そんな「社交的な笑い」が出ている間は、とりあえず安心です。

裏を返せば、心はこもっていなくても**「笑い」が出ていれば、「緊張は緩和されている」というサイン**になっています。

だから、なんとか穏便に逃げ切りたいというときは「弁解の笑い」も出てくるわけですが、心なんかまったくこもっていなくてもよいのです。「社交的な笑い」に本当の感情は不要です。「あなたといい関係を構築したい。あなたに対して敵意はない」ことを示せば十分です。

その反対に、お互いに心の底からワッと湧き出す笑いもあります。それが「共感の笑い」です。「共感の笑い」を重ねると、愛着が湧いてたちまち親しくなる。**コミュニケーションには、この「共感の笑い」がいちばん効果的**です。

「笑いの都」とも言われる大阪は、東京に比べると、街で出会った人同士でもコミュニケーションがずっと活発です。

「笑い」を取ったもん勝ちなので、黙っていると「しんきくさいなぁ」と言われかねないところもあります。東京から来て、「街の空気が吉本新喜劇みたいだ」という感想を漏らした人もいました。

もしかすると、読者のみなさんの中には、「笑いには才能が必要だ」と思っている人がいるかもしれません。「自分にはそんな才能なんかない」とがっかりされたかもしれません。

たしかに、頂点を目指すなら才能が必要でしょう。

しかし、**人間関係を円滑にするコミュニケーションのためには、ちょっとしたテクニックを知れば十分**です。友人関係では、誰でも笑いながら会話できるのですから、特別な才能のある人だけが「共感の笑い」を生み出しているわけではないのです。

相手との距離をぐっと縮める「0・5秒先」の共感

まずはお手本を見せるため、「共感の笑い」をつくるプロのテクニックを紹介します。これは、島田紳助さんから聞いた話です。

「爆笑を起こす秘訣は、相手の思考の0・5秒先を突くこと」なのだそうです。

紳助さんは、バラエティ番組の司会者として活躍していたとき、ひな壇に座るタレントや芸人と絶妙なやりとりをしながら、ひな壇と客席、そして視聴者の爆笑を誘っていました。

「相手の思考の0・5秒先を突く」とは、**「ひな壇の人たちが思いつきそうだけれどもまだ思いついていないことを、0・5秒先に言う」**ことです。

紳助さんのトークの特徴は、観客が頭の中に共通のイメージ映像をつくれるよう、具体的に状況を解説していく点にあります。

明石家さんまさんが相手の言動にツッコんで笑いを取るのとは対照的に、紳助さんのトークは「先週、恵比寿の駅前にな……」と**エピソードを具体的に話し、笑いが起こるであろう舞台を観客の頭の中にイメージさせる**ところからスタートします。

そして、やがてオチに誘導するわけですが、そのオチに至るときには、観客が頭の中でVR（バーチャル・リアリティ）のように、同じ映像をリアルにイメージできているのです。

そこで彼は、観客がまだ発想できないけど、0・5秒先にはたどり着けるオチを放ちます。

すると、そこで共感の笑いが生まれるのです。

実は、この「0・5秒先」というのがミソなのです。

「観客と同時」では、爆笑は起きません。また、「3秒先」では共感を生むことができません。

つまり紳助さんは、みんなが**「たしかにありそう！」と共感できるタイミング、**

すなわちまだ思いついていなかったけど、言われたら「ありそう!」と思える0・5秒前の絶妙のタイミングでオチを放つことで、「共感の笑い」をつくっていたのです。

ちなみに、紳助さんが会話している「相手」は、ひな壇に座っている出演者たちですが、その人たちを通じて、目撃している人すべての0・5秒先を突いて共感させています。

こんなことができるのはまさに天才の天才たるゆえん、とてもマネのできるものではありません。

では、紳助さんにそんなことができるのはなぜでしょうか。

「俺とか松本（人志）は、たしかに思考回路にフェラーリのエンジンを積んでるかもしれない」

これも紳助さんの言葉です。発想力を車のエンジンにたとえ、自分たちはスーパーカーの高性能エンジン搭載だから、一般人の発想力とは差があるということです。

ただし、これは自慢話ではありません。彼が言いたかったのは、その**エンジンの使**

い**方**です。

「フェラーリのエンジンでバーッと前に行きすぎると、普通の車はついてこれないからおもしろくない。同じスピードで走ると、それはそれで普通だからおもしろくない。**常に5メートル先、3メートル先ぐらいを走ってやると、お客はおもしろいと思ってずっとついてくる**」

続けてこんな発言も。

「ところが松本は、すぐにエンジンをふかして自分だけぶっちぎるんや。客がついてこれないのに、自分の中でおもしろいと思うことをやってしまう。でもな、MC（司会者）はそれじゃあかん。普通の車に合わせて、5メートル先を行くことを学ばんと」

お気づきのように、「0・5秒先」「5メートル先」というのが、共感の笑いを生み出すポイントです。

常に前に出るには才能が必要だけれども、そのまま才能に任せて突っ走ったのでは、

「共感の笑い」は生まれません。**周囲に合わせて間隔を保つ距離感が大事**なのだという指摘です。

一般に天才は、自分ができることを他人にわかるように伝えるのが不得手ですが、紳助さんは違いました。

あえて、スピードを調節していたのです。その点で彼は、笑いの本質や、笑いをつくるための技術をきちんと言葉にして伝えられる稀有《けう》な存在でした。

天才が駆使している〝普通の車に合わせて5メートル先を行くテクニック〟はとてもマネできませんが、さまざまな具体例から垣間見える「共感の笑い」の本質は、私たち〝普通のエンジンの持ち主〟にも非常に参考になると思います。

「色のついたイメージ」をどうつくるか

会話している相手が、話している自分と同じ映像を思い浮かべることができれば、共感しやすくなります。紳助さんはそれを「色のついたイメージ」と呼んでいますが、抽象的でぼんやりしたイメージはモノクロで、色がついていないのだそうです。

「色のついたイメージ」で共感してもらうために必要なのは、**できるだけ具体的に話すことです。**

たとえば、「この前レストランでメシ食ってたら、こんなやつおってな……」と話し始めると、聞いている人の頭に、話し手と同じ映像は浮かびません。

でも、「この前、吉祥寺のガストに行ってな、いちばん奥の席でカレーを注文しようとしたらな……」と切り出せば、みんなガストのイメージが脳裏に浮かんで、ファミリーレストランの座席の映像が共有されます。

カラー化されて、「色のついたイメージ」になるのです。

その上で、「こんなやつおってな」というエピソードを話せば、聞いている人はみんな同時に、頭の中でVRを観ているかのように話題を共有できるのです。

「たしかにありそう！　自分がファミレスに行っても起こりそう！」と思う。最後にオチがついて笑いが起これば、そこに「共感の笑い」が生まれます。同じネタのオチであっても、まったくオチの深さが違うし、重みが違う。共感度が違うからです。

落語は共感の要素が強い話芸です。そば屋でも宿屋でも、お客は頭の中にそのイメージをつくって聴いています。

うまい落語家ほど、お客にその場にいるかのようなイメージを詳細に提供できる。**話している落語家と、聴いているお客の双方の脳裏に同じ映像が浮かんで共感しているから、大きな笑いが起こる**のです。

江戸時代の風景や家の中の様子など、誰も見たことはありませんよね。でも、かつて見た農村の風景や自分の知っている畳の部屋、時代劇で観た映像などは、多くの人がイメージを持っているので、自然に共感できるのでしょう。

一方、豪華なクルーザーや飛行機のファーストクラスの話題になると、それが現代の話で事実であったとしても、多くの人が共感できません。

ほとんどの人は乗ったことがないし、自分には関係ないと思っているから、具体的に話されても映像が浮かんでこないのです。たとえ、話のオチがおもしろくても大爆笑にはなりにくい。

となると、話の筋やオチは同じでも、みんなが頭の中でイメージを描けるような事例、たとえば釣り船だとかエコノミークラスだとかに変えて共感させることも、会話の技術としては必要になってきます。

共感は、自分のこととして捉えるからこそ生まれるのです。

笑いは、共感が生まれることによって5倍にも10倍にもなります。そうなると簡単に愛着へとつながっていくのです。

イメージに色がついて、相手が共感すればするほど、記憶の中からつぎつぎと話題を引き出すことができます。結果、話題がどんどん広がっていく。そうやって相手の心のドアを開いていくことができるのです。

このテクニックを実行するには、ある程度の才能が必要かもしれません。ただ、多少の巧拙はあるにせよ、活用できれば必ず役に立つことと思います。

ひとつのエピソードで笑いが取れて、コミュニケーションが深まり、人間関係も広がっていく、二度、三度とおいしい話術です。

絶対にあり得ない話を納得させてしまう技術

私と紳助さんが大阪・心斎橋のバーにいたときのこと、カウンターの右側に、25歳くらいの素敵な女性が座りました。一緒に来た彼氏と、「今度の休み、旅行に行こう」といった会話をしているようです。

彼氏が電話か何かで外に出ているとき、紳助さんが声をかけました。

「どこ行くの？」

「結局どこも行かずに近くで過ごそうって話になったんです」

「そんなんあかんで」

三日間の休暇を、とくに予定もなく過ごすつもりだと聞いた紳助さん、こんな会話を展開していきます。

「一回しかない人生の中で、**せっかくの三日間をどう使うべきか**って考えなあかん。何にもせずに普通に過ごしたら、おそらくその三日間のことは半年も経たないうちに忘れるやろ。でも、この三日間を一生忘れない思い出にすることができたら素敵やと思わへん？」

そう問われれば、誰だって「思う」と答えます。

うなずく彼女に紳助さんは、「そしたらな、恋人同士という設定で三日間、沖縄に一緒に行かへん？」と誘いました。

「そんなん無理ですよ、怖いですよ」と答える彼女。当然です。

「でもな、この三日間、知らない二人が一緒に旅することで、映画みたいな一生忘れない思い出ができるかもしれん。で、大阪に帰ってきたら映画は終了。初めて会った人と三日間だけ一緒に過ごして、帰ってきて元の生活に戻る。その三日間でどう変わるか。今の彼への愛情がすごく深まってるかもしれへん。彼のよさを再認識するかもしれへん。これから一生、彼とともに過ごすとしても、この三日間を何となく過ごして忘れるより、一生忘れない思い出をつくったほうが君の人生にとって素敵やと思えへん？」

説得し始めてほんの5分も経っていないのに、彼女はその気になり始めていました。

「なんか、たしかに一生忘れない思い出があるって素敵ですよね」

彼女はすっかり紳助さんの話術に引き込まれて、催眠術にかかっているみたいです。いやいやいやいや、これ以上本気にさせてはまずいなと思って私が止めに入りました。

「あのね、それ、単に無責任に三日間の浮気旅行しようって口説いているのを、きれいに言うてるだけやで。旅行は行くけど帰ってきたらバイバイということ。早く目ぇ覚まし！」

そう言って、彼女を夢から覚まさせました。私が邪魔したのに、紳助さんは「梶本さん、何言ってんねん」と言いながら笑っています。

もともと、実際に旅行に連れていく気はなく、彼女がどう反応するかを楽しんでいたのです。私が言わなくても最後は「こんなトークにひっかかってたら彼氏がかわいそうやで」と現実に戻していたことでしょう。

缶コーヒーのような円柱を真横から見れば長方形ですが、真上からだと円に見えます。同じ話でも、語る方向によってまるで違って聞こえるのです。

「一緒に沖縄に行こう」と口説くと拒絶される話でも、紳助さんは「一生の中での三日を考えてみよう」とアプローチすることで納得させてしまいました。

バラエティ番組で、ひな壇の8人ほどを笑わせる能力があれば、一人を催眠術にかけることとくらい簡単なのでしょう。トーク力のあるお笑いタレントさんがモテるのが納得できるエピソードでした。

このトーク力は到底マネできませんが、視点を変えてみせることで新たな展開を生むというのは参考になります。

何かに行き詰まった友達に相談されたとき、解決はできなくても、視点を変えてあげることで、固執した考えから脱却させてあげることは可能かもしれません。

なぜ悪徳商法はなくならないのか？

あり得ない話を「うん、なるほど」と思わせてしまうようなテクニックの中には、次のような**「話のすり替え」テクニック**もあります。

休みの日、紳助さんは友達からキャバクラに誘われました。しかし、そのまま奥様に「キャバクラに行っていい？」と聞くと反対される可能性が大です。

そこで、紳助さんは次のような提案をしました。

「なあ、俺、今からキャバクラ行くから、電話かけて予約して」

「バカじゃない？　なんで私が電話しなきゃいけないのよ！」

「電話くらいしてくれてもええやん。わかったよ。それなら、俺が電話するわ」

冗談のような話ですが、紳助さんと奥様との間で実際に交わされた会話です。

最初に「キャバクラに行っていい？」と聞くと簡単に反対されて終わるところですが、あえて「キャバクラ行くから電話で予約して」と頼むと、「なんで私が！」と返ってくる。

奥様は、本来、「キャバクラへ行く」ことを怒るべきなのに、「電話で予約をとらされる」ことを怒る事態に変わっています。

そうです。争点を変えることで、いつのまにか、キャバクラに行くという最大の目的を簡単に達成してしまっていたのです。

もちろん、口調やタイミングなども含め、相手の反応を見ながら語っていることは言うまでもありません。会話の中でいつのまにか論点がずれてしまうことはよくありますが、意図的にこれを行うのは技術がいりそうです。

こうした高等技術をごく自然に繰り出す紳助さんは「天才」としか言いようがないのですが、テクニックを身につければビジネスの世界でも成功するのは確実でしょう。

もっとも、こうしたテクニックは、あやしげなセールスなどに悪用されることもあります。たいして価値のないツボを何百万円も出して買う人がいるのです。布団や鍋を、何十万円ものローンを組んで買う人、買わせる人もいます。

そのテクニックこそ、**「相手にとっていちばん美しく見える角度」から話してあげる**ことであり、「共感」を得ることです。

それができれば、人を納得させることはたやすいのだと、この種の悪徳商法がなかなか滅びないことが示しています。

納得してしまう人のもう一方には、納得させている（悪用すれば「だます」ですが）人がいる。紳助さんは特別としても、悪徳商法のセールスマンに才能があるとは思えません。

つまり、**トークのノウハウさえマスターすれば、天才でなくてもそれなりのテクニックが身につけられる**ということでしょう。

オーバーヒートしないよう、上手に努力する

思考回路が「普通のエンジン」である私たちが、「フェラーリのエンジン」搭載の紳助さんと同じようなことをしようとすると、アクセルを床まで踏み込まなくてはいけません。

芸人の世界でそれをやって、たまたま成功すると〝一発屋芸人〟になっていきます。たまたま踏み込んだときが時代に合っていた人は人気が爆発しますが、**オーバーヒートしてすぐ終わってしまう。無理をしてしまった結果です。**

テクニックを身につけても、それだけで一生、人間関係が楽になるとか、「人疲れ」しなくなるということにはなりません。

普通の会社員で、たとえば営業の仕事をして成績も上げているという人の場合、セールスや接待をしているときだけは、アクセルを床まで踏み込んで、エンジンが限界

まで回っているのかもしれません。

でも、ずっと続けることはできないから、遠からず苦しくなってくる。つまり、疲れてくるのです。


人間関係の構築においても、努力してフルスロットルでやれば、もしかしたら人脈を広げたり、気難しい人ともうまくやっていけるかもしれません。でも、120％の努力で頑張り続けるとオーバーヒートして壊れてしまうので、おすすめできません。

ゆえに、**自身の60％程度の力で80％の成果を目指すほうが効率的で長続きして、結果、トータルで見た場合にもっとも作業効率が高く、人疲れも軽くなっている**ことと思います。

場の全員を楽しませなくていい

現役時代、紳助さんは、なぜあれだけしゃべり、頭を使っていても疲れなかったのでしょうか？

もちろん高性能の「フェラーリのエンジン」だからということではあるのですが、ほかの理由もあります。

当時のテレビを観ていると、彼がカメラに向かってしゃべっている番組はほとんどなくて、ひな壇に座る人を笑わせようとしていることに気づきました。

先にも少し触れましたが、8人ほどの出演者の共感を引き出して笑わせることに集中していて、**1000万、2000万の視聴者を直接笑わそうとはしていません。**

一緒に宴会をしている8人を笑わせればいい、視聴者はその宴会を見て笑ってくれる、という発想です。

ひな壇の出演者の個性を引き出して共感の笑いを得ると、それが視聴者にも広がっていく。すごく効率のいい方法です。「フェラーリのエンジン」なら無理することもありません。

そんな紳助さんも、舞台などで大勢の前に立つのは疲れるようです。

私は大阪大学で、経済学部の学生600人に向けてベンチャービジネス創成の講義を行っています。以前、大阪北新地で高級クラブを経営する友人を呼んで話をしてもらいました。

この経営者もまた紳助さんと友人なので、「紳助さんも来ませんか」と誘ったのですが、「そんな、600人もおるとこ無理やわ。人前出ると緊張するわ」という理由で断られてしまいました。

これは本音だと思います。友人が講義するから顔を出したといっても、サービス精神から600人もの学生の「共感の笑い」を引き出すのは決して簡単ではありません。

紳助さんは、約40年前の漫才ブームのころから老若男女全員を笑わせることは目指していませんでした。それは、紳助さんの笑いの本質が「共感の笑い」であり、**共感を得るには対象者を絞らないといけない**からだと考えられます。

少なくとも、私たちの日常での会話の相手は、せいぜい10人まででしょう。

その点で、紳助さんのもっとも得意とする**「共感の笑い」は、私たちのコミュニケーションにおいても役立つ**ことが多いと思われます。

「無理をしない」所ジョージ流・共感テクニック

人間関係で疲れないために大切なことは、**とにかく「無理をしない」**ことです。

紳助さんが現役時代、いつも羨ましがっていたのが所ジョージさんでした。

「MCとしてすごい。あんなに無理しないでテレビ出てる人、初めて見た」と。

「トークや笑いそのものが突出しているわけではないのに、絶対に無理をしない。無理に笑わせようとしていない。それでいて最後まで観てしまう」と言うのです。

そう言われて番組を観ると、たしかに所さんは、相手を笑わせようとはしていません。でも、のほほんとした雰囲気を、みんなが共有できている。

おそらく所さんも、自分の個性や才能が何かをご存じなのでしょう。もっとおもしろいことを言う人はたくさんいます。だから、しゃべって笑わせようともしない。なんとなく、のほほんとしゃべっている。

それが自然で、みんながその雰囲気で楽しく視聴できる。そういう共感もあるのです。笑いだけが共感の秘密兵器というわけではありません。

弱さを見せようとしているわけではないけれど、強がりもしない。**「無理しないでいいじゃないか」というスタンスが共感を生んでいる**のだと思います。

テレビ番組は、収録時に2週分を撮るのが一般的なので、出演者は服を着替えさせられるのですが、所さんは、その着替えも面倒くさがるようです。視聴者は、そんな仕事に対する姿勢にも、羨望を含めて共感しているのでしょう。

所さんのそんな才能は、言葉で表現しにくくて、ノウハウ化できないもののようです。その点でも、もしかしたら紳助さんが言うように「真の天才」なのかもしれません。

たしかに、一般人がマネしても共感の笑いという方向には向かわず、悪く言えば「怠け者のだらしないおじさん」になってしまうかもしれません。しかし、「無理をしない」「自然体」ということに関しては、文句なしのロールモデル（模範）だと思います。

あまりにもアグレッシブに見える人にはやはり癒されないし、長い時間一緒にいるのは疲れます。自然体を共感させることができれば、相手の防御も自然に緩和でき、人疲れも起こしにくいことでしょう。

時間軸まで俯瞰する能力

紳助さんは、ものごとの捉え方がずば抜けてうまいのも特徴です。実際、彼はお笑いの世界に入る前から、異才を示していたようです。

すごく印象的だったので私がよく覚えているのは、彼の高校時代のエピソードです。卒業を間近に控えたある日の真夜中、ヤンキー仲間みんなで京都の嵐山ー高雄パークウエイにバイクでツーリングに出かけたそうです。京都市内の夜景が一望できる名所です。

そこで紳助さんはこんなことを言ったそうです。

「この夜景、よく覚えとけよ。俺らまだガキだから、京都の街がすごく大きく見えるやろ。でも将来、俺らが大人になったら、京都の夜景なんてきっと小さく見えるで」

これだけで十分、非凡さを感じさせる言葉ですが、どういうわけか紳助さんは、そのバイクの駐輪スペースで**「たき火をしよう」**と言い出しました。

森の中の広場ですから、まわりの木に燃え移る危険があります。「火がついたらヤバいんやないか」という声が上がりましたが、紳助さんは続けます。

「そうやろ、ヤバいやろ。でも、もしこれ火ついて燃えてみ。一生の思い出になるで。俺らは大金持ちの家を建てることはできないけど、燃やすことはできる（笑）。家は燃やしたら人が死ぬかもしらんけど、ここで燃やしたところで誰も死なんやろ。山に火つけたんじゃなくて、たき火してるだけの話だから、もともと悪いことしようとしてるわけじゃない。たまたままわりの木が何本か燃えたとしても、それは一生の思い出として語れるで」

そう言ってみんなを説得したそうです。結局、たむろしていたらパトカーが来て未遂に終わったそうですが。

この話を、紳助さんと同じ高校の同級生から聞いたときは衝撃でした。こんな**時間**

軸も含めて俯瞰《ふかん》するような考え方は、高校生ではなかなかできません。

私の高校時代を振り返っても、将来の自分たちをイメージして、高校時代の思い出をつくろうなどとは思いもよらなかったし、「いい思い出になるから」という理由で何かをしようという発想もありませんでした。

人と人の距離や空間認識だけでなく、時間の経過も俯瞰していたのが高校生のころからだったとわかって、ものごとの捉え方がうまいのも天賦《てんぷ》の才だったのかと納得したのです。

ところで紳助さんは三十数年後、昔の仲間たちと、たき火した場所に行ったそうです。「大人になったら小さく見える」と言っていた京都の街は、すっかり開発されて昔より大きくなっていた、というオチでした。

60%の力で80%の仕事ができる「ワーキングメモリ」とは?

野球のイチロー選手はキャッチボールのとき、強く投げたり、山なりに投げたり、一球ごとに意図を持って確認しながら投げているそうです。基本を決しておろそかにしないのが、一流の一流たるゆえんです。

基本を徹底して、当たり前のことをきちんとできるようになれば、それだけで実力者として認められるものです。

その意味で、**コミュニケーションづくりの基本中の基本は、相手の話を聞くこと。**「聞き上手」は、基本をおろそかにしていないことの証です。

キャッチボールの基本は、相手の胸に向かってきちんと投げること、最後までボールから目を離さず、体の正面で受けることだと言われます。その前提の中でイチロー選手は、さまざまにボールの投げ方や軌道をチェックしているのです。

相手の話を聞くことを、基本としてのキャッチボールにたとえると、聞きながら相手の表情や話題の〝行間〟を読み取ることが、イチロー選手の練習に近いのかもしれません。

実は、紳助さんの人並みはずれた理解力の源泉が、ものごとの捉え方に加えて、この〝行間〟を読み取る力にもあると思われるのです。


この能力には、脳が情報を処理するときの**「トップダウン処理」**と呼ばれる仕組みが大きく関係しています。これは、全体を俯瞰してから効率的に処理しようとするやり方です。

もうひとつ、情報をひとつひとつ順番に積み上げて処理しようとする**「ボトムアップ処理」**がありますが、もちろん「トップダウン処理」のほうが効率的です。

本書でも、**60%の力で80%の成果を目指すことをすすめてきましたが、その方法こそが、このトップダウン処理を活用することな**のです。

そして、この「トップダウン処理」を担っているのが、脳の**「ワーキングメモリ」**という働きです。

近年、認知心理学、脳科学、医学など多くの分野で「ワーキングメモリ」についての幅広い研究が進んでいます。

すべてが解明されたわけではありませんが、**「聞き上手」になるのも、「人疲れ」しないようにするのも、脳の「ワーキングメモリ」の使い方や鍛え方次第**だと、私は考えています。

「ワーキングメモリ」の概念や活用術、鍛え方などを、次章でくわしく説明したいと思います。

第4章のポイント

□「笑い」の効用

「共感の笑い」を重ねると、
愛着が湧いて親しくなる

□ 相手の考えの「0.5秒先」を突く

「相手が思いつきそうで
まだ思いついていないこと」
を言うことで、強い共感が生まれる

□ 落語家の話術に学ぶ

できるだけ具体的に、固有名詞を使って
話すことで聞き手にイメージを浮かばせる

□ 別の視点から見てみる

相手をいちばん納得させやすい
話し方を考えてみよう

□「一発屋」にならない

オーバーヒートしないように、
60%くらいの力を出し続けることを目指す

□ 共感するのは「笑い」だけじゃない

弱さを見せなくても、強がらず、無理をしない
自然体に共感させれば、相手の防御もゆるんで
「人疲れ」しにくい関係がつくれる

第5章
60%の努力で80%うまくいく ワーキングメモリ活用法

車の運転中はワーキングメモリをフル活用

人間は何かの作業をするときに、**過去の経験の記憶を参考にしながら、複数のことを同時に行っています。**

典型的なところでは、自動車の運転がそうですね。

自分のスピードや車間距離、信号・標識など、走行状態や道路の状況を目で感知して、どう運転するかを脳が判断しています。

ほかの自動車の音やクラクションなど、耳から入ってくる情報にも気を配らなくてはいけません。そして手はハンドルやウインカーを、足はアクセルとブレーキを操作しているのです。

住宅地の信号のない交差点なら、誰かが飛び出してくるかもしれません。以前にひやりとした体験があれば、別の場所であっても、コーナーのミラーを忘れずに確認するとか、アクセルを緩めてブレーキの準備をするとか、しっかり注意を払うでしょう。

ワーキングメモリとは、このようにリアルタイムで入ってくる情報（短期記憶）を受け入れながら、過去の記憶、学習、理解など（長期記憶）と結びつけて、複数のことを同時に行ったり、考えたりを可能にしている脳の働きのことです。

「この人は飛び出すんじゃないか」「この自転車は転ぶんじゃないか」といったリスク想定も含め、過去の経験に基づいて処理をするのが、ワーキングメモリの働きです。したがって、この能力が発達している人ほど事故は少なくなります。

『太鼓の達人』という、音楽に合わせて太鼓を叩くゲームをご存じでしょうか？

15年以上前にゲームセンターに登場して以来人気を呼んで、今では家庭用ゲーム機版やスマホアプリ版まであるロングセラーです。

音楽を聞いてリズムを判断し、太鼓を叩くというデュアルタスク（二つの作業）を行うのですが、このときもワーキングメモリを活用しています。

つまり、**二つ以上の動作をすることは、ワーキングメモリを活発に働かせることになるので、脳の働きのトレーニングにつながる**のです。そのため、『太鼓の達人』は認知症の患者さんなどの脳のリハビリにも使われているほどです。

ワーキングメモリは、会話のときにも働きます。私たちが会話するとき、頭の中で考えながらしゃべることができるのは、その働きのおかげです。

つまり、関連する出来事の記憶を、あれこれ倉庫から引っ張り出してきて、脳のある部分に一時保管する。そのとき、**「どの倉庫からどんな記憶を集めてこようか」「どの話題から触れようか」**といった判断をしているのがワーキングメモリです。

ということは、コミュニケーションはワーキングメモリの機能を披露する場面であるとともに、鍛える機会にもなっているのです。

ワーキングメモリを鍛えて「人疲れ」予防

「記憶」を保存される期間で分類すると、短時間だけ保持される**「短期記憶」**と、長い期間にわたって保管される**「長期記憶」**の二つになります。

私たちが普段「経験」と呼んでいるのは、この長期記憶のことです。自分が直接体験したことだけでなく、テレビや雑誌、ネットなどで知ったこと、さまざまな知識も「経験」です。

私たちは、日々の短期記憶に加えて、たとえば「去年の今ごろはどうだったか」といった長期記憶を参照して生活しています。

ワーキングメモリの働きによって、**「同じような経験は前にもあった」**など、短期記憶と長期記憶を密接にリンクさせているのです。

コミュニケーションにおいても、ワーキングメモリはとても重要です。

誰でも会話しているときには、関連する話題がいくつも頭の中に浮かんでいるはずです。たとえば初対面の相手との会話で、こんな話になったとしましょう。

「今年の夏は暑かったですね」
「ほんとうに、熱帯の国になったみたいですよ」
「突然、土砂降りになるから困ります。熱帯のスコールみたいですよね」
「傘なんか役に立たないし。そういえば、ランチを食べに外出したとき……」

会話がつながっていくのは、関連する経験が頭の中に浮かんでいるからです。会話の中にタイミングよく的確な話題を出すことができるのは、ワーキングメモリが活発に働き、倉庫にしまわれた記憶の中から引っ張り出して、うまく準備している証拠です。

したがって、**ワーキングメモリが大きくて、しかも活発に働いていると、さまざまな話題を素早く引き出せる**ので「共感の笑い」を得やすくなります。

また、相手との距離感や、話題になっているものごとの全体像をつかんでいないと、ワーキングメモリがうまく働きません。どんな記憶を引っ張り出してくればいいのか、適切な判断ができないからです。

脳科学の観点から言えば、ワーキングメモリが優れているということは、脳全体をうまく活用して、複雑な作業を省力化して効率よく行う能力が高いことを意味しています。

そんな大切なワーキングメモリは、トレーニングによってスポーツが上達するのと同じように、習慣や経験によって強化することができます。

ワーキングメモリを鍛えれば、コミュニケーションはスムーズになって「人疲れ」の予防になるのです。

「心の記憶フォルダ」を取り出しやすいように分類しておく

日常的にワーキングメモリをトレーニングする方法として、**「心の記憶フォルダ」を意識する**方法があります。

たとえば、こんな体験をしたと仮定してみましょう。

映画『シン・ゴジラ』を観にいったとき、「怖かったね。すごかったね」と口々に話しながら出てきた観客の中に、一人だけ目を真っ赤にして泣いている中年女性がいたとします。

『シン・ゴジラ』は大人の観客が納得できる怪獣映画ですが、そうやって泣くような映画ではありません。

なんで泣いているのかわからないけれど、あまりに異様だったので「変わってるわあ、あのおばちゃん」という印象が残ったとして、そのおばちゃんのことも含めて

「映画」とか「映画館」の記憶フォルダに入れるのが、一般的な記憶の仕方です。
映画の話題になったときに、「そういえば、この前『シン・ゴジラ』を観にいってね」という話の中で、異様だったおばちゃんについて触れることになるかもしれません。

誰かが「映画」というキーワードで記憶フォルダを開けてくれると、ワーキングメモリが記憶を引き出し、『シン・ゴジラ』や「おばちゃんの話」が出せるわけです。

このとき、コミュニケーションの達人は、おばちゃんの印象を「なんじゃこりゃ」という、**自分の感情に即したフォルダをつくって、そこに入れる**のです。「映画」フォルダには入れません。すなわち、**記憶フォルダを「感情」によって分類しておく**のです。

そうすると誰かが「奇妙な話」とか「不可解な話」を話題にしたとき、「なんじゃこりゃ」という感情のフォルダに入ったおばちゃんの話を、「そういえばこの前、映画館でね」と始められることになります。

相手にはどう聞こえるのか、考えてみましょう。

映画の話題が、たとえば「最近観た映画」とか「政治家や官僚の描かれている映画」「戦闘シーンのある映画」といったテーマであれば、『シン・ゴジラ』の話をするのは妥当です。

でも映画の話で盛り上がっているときに「おばちゃんの話」は脈絡がない。会話の中で、箸休め的な話題にはなるでしょうが、脈絡のない話で、盛り上がっていた会話に水を差してしまう可能性もあります。

一方、「奇妙な話」とか「不可解な話」がテーマのときは、「なんじゃこりゃ」という感情はぴったりはまります。一連の話題の中で「この前、映画館で」と話し始めれば、場の雰囲気を変えないで、話題をどんどんふくらませることができます。

話題が豊富でおもしろい人とは、話の腰を折ったり、水を差したりすることなく、ぴたりとはまる体験談を提供できる人でしょう。

そうするためには、感情で分類したフォルダが非常に有効になります。

瞬時に脳内の情報を検索する

どうして感情で分類することが有効なのでしょうか。

パソコンの記憶容量はハードディスクを増設すればどんどん増やしていけますが、人間はそうはいきません。インプットされた情報を丸暗記するのは不可能なので、コンパクトになるように整理して記憶しています。

私たちが記憶するとき、次の3段階の過程があります。

1　記銘……キーワードや重要度に関連づける

2　保持……記憶として脳に保管する

3　再生・再認……タイミングに応じて検索する

情報の処理を効率化するため、ワーキングメモリは**「記憶のタグ付け」**と呼ばれる作業を行っています。

たとえば「スマホ（スマートフォン）」という言葉からは、いろいろなキーワードが浮かんできます。

ある人の頭の中には「ｉＰｈｏｎｅ」「通話料」「アップル」「スティーブ・ジョブズ」「写真」「フェイスブック」「充電器」……などが浮かんでくるでしょう。こうしたキーワードが「記憶のタグ」です。

ひとつの情報を記憶するときは、複数の個性的な「記憶のタグ」をつけておくと、その情報が必要になったとき、ワーキングメモリが即座に検索できるようになるのです。

何かを記憶するとき、その情報はまず、短期記憶として脳に保存されます。この時点ではまだタグ付けはされていません。

「記憶のタグ付け」とはワーキングメモリの機能のひとつで、短期記憶された情報に対して、脳がキーワードや重要度を設定していく作業です。こうやってタグ付けされた情報は、脳が重要だと判断して、長期記憶として大脳に保管するのです。タグによって記憶が整理されていれば、検索も瞬時に行えます。

ご想像のとおり、この「記憶のタグ」とはフォルダの名前と言い換えられます。**フォルダの分類の仕方を工夫することで、適切な場面で、瞬時に検索できる**ようになるのです。

喜怒哀楽や感動を強く表して、記憶に残そう

記憶のタグ付けは、ワーキングメモリを強化するための基礎です。ここでは、効率的に記憶のタグ付けを行う方法をお教えしましょう。

結論から述べると、**「感動すること」**です。感情で分類したフォルダが非常に有効なのもそのためです。

先に「記憶」を、保存される期間から「短期記憶」と「長期記憶」の二つに分類しました。

一方、「記憶」を質のタイプで分類すると、**「エピソード記憶**（個人が体験した出来事の記憶）**」「意味記憶**（勉強や本で得るような一般的な情報、知識による記憶）**」「手続き記憶**（同じ体験を何度も繰り返して体で覚える記憶）**」**の3つになります。

このうちタグ付けに深く関係しているのが、「エピソード記憶」と「意味記憶」です。

たとえば「スイカ」を例にとると、「ウリ科の果実で、果肉が赤か黄色で水分豊富」といった情報が意味記憶。いつ記憶したかわからないけど、いつのまにか知っているというのが意味記憶の特徴でもあります。

これに対して、「子どものころは夏休みになると、おばあちゃんの家の縁側でスイカを食べた。タネを飛ばすのが楽しかったなぁ」など、いつ、どこで、どんなことがあったのか、どう感じていたかといった情景やストーリーを併せ持つのがエピソード記憶です。


意味記憶は知識や教養として必要ですが、コミュニケーションにおいて話のネタとして使えるのは、エピソード記憶であることは言うまでもありません。

前述のエピソード例におけるタグは、夏休み、おばあちゃんの家、縁側、タネなどになりますが、実は「楽しかった」という感動がもっとも重要なタグであり、そのエピソード記憶自体を脳にしっかりと定着させることに貢献します。

また、感情のタグをつけてしっかりと脳に記憶することで、コミュニケーションの場で適宜、瞬時に情報を引っ張り出すことができるのです。

これは科学的にも説明が可能です。

脳で短期記憶を司っているのは「海馬」という部分です。海馬は、刻々とインプットされる情報から「これは重要だ」と判断した内容を大脳皮質に移します。それが長期記憶として保管されるのです。

その際、どうやって重要か否かを決めているかというと、まず繰り返しインプットされる内容は重要と判断されます。また、海馬のすぐ下に位置する「扁桃体」という器官が、重要性の判断に大きく関わっていることが判明しています。

というのは、扁桃体は喜怒哀楽や「好き・嫌い」「快・不快」といった感覚を司っていて、それを海馬に直接伝える役割を果たしているからです。

つまり、インプットされた短期記憶のうち、喜怒哀楽や心を揺さぶる感動をともなうような情報は、**扁桃体が察知↓海馬が重要と判断して大脳皮質へ移す↓長期記憶へ、**

という仕組みがあるわけです。

「楽しい」「悲しい」「気持ちいい」「不気味」など、感情によってフォルダをつくるのは、感動タグをつける作業にほかなりません。

同じ感情が湧いてきて、そのフォルダが引き出されると、記憶内容は強化され、アウトプットのための検索が効率化していくことになります。

感情フォルダはコミュニケーションの最強ツール

「記銘」「保持」していただけでは、ワーキングメモリを活用できたことになりません。引き出せなくては、使えない。思い出すことができないのですから。

したがってワーキングメモリを鍛えるときは、記憶の「再生」能力も同時に強化することが大切です。

人間は**「再生」**と**「再認」**によって、記憶を引っ張り出しています。

「再生」とは「ヒントなしに思い出す」こと、「再認」とは「ヒントや選択肢など連想によって思い出す」ことです。

「再生」の能力は歳をとればとるほど低下しますが、「再認」は年齢にはあまり左右されません。40代、50代にもなってくれば、「あ〜、あれ、あれ」「ここまで言葉が出てるのに……」といった健忘が増えてきます。

三択でヒントを出してもらえればすぐに回答できるのに、自分の力だけでは言葉が出てこない。このような脳の衰えを歴然と感じることがよくありますが、**ワーキングメモリ強化のために大切なのは、やはりヒントなしで思い出す「再生」能力**なのです。

そこで大事なのが、前述の**「記憶に感動がともなっているか」**なのです。喜怒哀楽をともなう感動のタグがついた情報は、「再生」に結びつきやすいからです。

勉強や本で読んだ知識・記憶よりも、成功であれ失敗であれ、自分で体験して感情を動かした記憶のほうが、誰にとってもずっと思い出しやすいものです。

感情によるフォルダは、ワーキングメモリ強化の基礎であるとともに、日ごろから心がけておけば初対面の人とでも話題に困らなくなるので、コミュニケーションの最強ツールになります。

俯瞰して状況を見ることもできますから、対人関係の距離感もつかめて、無用な「人疲れ」をしなくてもすむはずです。

さっそく日常の習慣に、感情フォルダをつくることを取り入れてみてはいかがでしょうか？ **年齢とともに感動が起こりにくくなってくるので、意識して感情フォルダをつくることが必要**でしょう。

実は、この「感情のフォルダ」を教えてくれたのも、島田紳助さんでした。彼は二十歳のころから、意識的に実践しているのだそうです。

もう十数年前になりますが、紳助さんと出会って間もないころ、しきりに「梶本さん、感動せなあかん」「感動せなあかんから、今度おいで」と言ってくれたことを、今でもよく覚えています。

その当時、紳助さんの仲間たちと淡路島に行って、ヨットハーバーで缶蹴りやドッジボールをして遊んだことがあります。

「小学校のころ、無心で遊んでるときがいちばん楽しかったやろ。あれを大人になってできたら、素敵やと思わん？」

と言われて、みんなで本気で遊びました。ケガするくらいの勢いで、缶を蹴ったりボールを投げたりしたんです。クルーザーを海に浮かべてパーティーするよりも、ずっと楽しくて感動的な体験でした。

紳助さんは普段から感動するとよく泣いています。**より強く感動することで、素敵な思い出を残せる**のです。

「歳とってくると、どんどん感動が減ってくるからつらいよ」と言っていたのは本音でしょう。感動できるような心を保つこと、そして心の動きで感情フォルダをつくることを、意識的に自分に課しているのです。

トップダウン処理は疲れない

もうひとつ、トレーニングしておきたいのが「トップダウン処理」です。これもワーキングメモリが牽引しています。

前章の最後で少し触れたように、脳が情報を処理するとき、情報をひとつひとつ順番に積み上げて処理しようとする「ボトムアップ処理」とは反対に、全体を俯瞰してから効率的に処理しようとするやり方が「トップダウン処理」です。

たとえば「家の中なんだけど、財布をどこかに置いたみたいで見つからない」というとき、玄関から始めて一部屋ずつ、隅からしらみつぶしに順を追って探していくようなやり方があります。これが「ボトムアップ処理」です。

これに対して、**「このへんにありそうだ」と目星をつけて探すやり方が「トップダ**

ウン処理」です。「さっき財布を片手に、冷蔵庫を開けたな。その前は……」と考えて、置いてありそうな場所を探せば効率的です。

『ウォーリーをさがせ！』という絵本をご存じでしょう。ページを開くたび、何百、何千という人物が小さく描かれている中で、赤白の縞模様の服、帽子、メガネのウォーリーを探していくわけですが、ボトムアップ処理だと端から一人一人確認していく作業になります。かなり疲れますよね。

でも、ウォーリーの性格を知っていたら、「彼は賢いから、危険が迫る場所にはいないな」などと、一枚の絵に描かれた物語の中で探していくことができます。

話を聞くときも、一字一句を書き写すように必死に耳をそばだてて聞いていたのでは、たちまち疲れてしまいます。

何を言っているのか内容を大づかみに把握することで、ずっと楽に、しかも的確に相手の話が理解できるのですから、トップダウン処理はコミュニケーションにおいてはとても重要な役目を果たしていることになります。

経験を積むと、複数のことを同時にこなすワーキングメモリを使って、俯瞰しながら話すというトップダウン処理の能力が向上していきます。

一方、ボトムアップ処理の能力は、25歳前後から年齢とともに少しずつ下がっていくことがわかっています。

また、ワーキングメモリを使ったトップダウン処理は、広く全体を見て注意力を分散させることになるので、この能力を鍛えると、**脳疲労の蓄積を避けることができるようになります。**

トップダウン処理が引き起こした勘違い

会話を録音して後から聞いてみると、文法はめちゃくちゃで、そのままでは文章になりません。それでも会話が成立しているのは、強力なトップダウン処理が働いているからです。**それが自然にできているから疲れない。**

ただ、それが苦手な外国語だったりすると、トップダウン処理が働くことによる失敗も起こります。

私自身、こんな体験があります。

家族でオーストラリアに行って、鉄板焼きレストランに入ったときのこと。鉄板をはさんだ向こう側に、オーストラリア人家族が6人で座っていました。

シェフが来て、向こう側の家族に"How do you want your meat cooked?"(肉はど

う焼きますか？）と聞いている。そしてめいめい「ミディアムレア」とか「レア」とか答えているわけです。

シェフがこっちに来て何か言いました。当然、同じ質問をしてくるだろうと思っているし、案の定〝How……〟と聞こえたものだから、即座に「ミディアムレア」と答えたところ……、向かいの席にいた男の子が、飲んでいたジュースを吹き出しました。

彼の両親も、笑っちゃいけないと顔がヒクヒクしています。

シェフは大爆笑してから、もう一度聞き直してくれました。

〝How is your stay going?〟（オーストラリア滞在はいかがですか？）

それでやっと、少年が吹き出した理由がわかりました。

騒がしくて聞き取りにくい状況で苦手な英語、ボトムアップ処理では聞こえないところを私はワーキングメモリを駆使して、会話の出だしの〝How〟だけを材料に、トップダウン処理をしてしまったわけです。

こういう早合点や勘違いによる失敗もありますが、**ボトムアップ処理で一言一句聞**

き取ろうとすれば、疲れきってしまうでしょう。

英語の上手な人や、日本語を使っているときの私は、ワーキングメモリを働かせて、耳からの情報をできるだけ効率よくトップダウン処理して会話しているので疲れないのです。

ワーキングメモリを鍛える習慣

「人疲れ」を起こしている人は、ミスのない完璧なコミュニケーションを求めて、一生懸命ボトムアップ処理に励んでいるのではないでしょうか？　あるいは、**初対面の人とうちとけなくてはいけない、と義務感に駆られてはいないでしょうか？**

前述したように、コミュニケーションも完璧でないところが人間らしさであり、愛着を生んでくれます。もちろん、努力することは大切ですが、間違った方向に努力すると、疲れは蓄積するばかりです。

「もっと楽にコミュニケーションする方法」「もっと疲れないで人間関係をつくる方法」は、ワーキングメモリをうまく活用することです。

本書の最後に、ワーキングメモリを鍛えるためにおすすめしたい習慣を3つにまとめておきましょう。

1　感動フォルダをつくって記憶する

ものごとを多面的に見て、タグ付けする（フォルダをつくる）数が多い記憶ほど検索しやすくなります。そのとき、「うれしい！」「悲しい！」「ビックリ！」「楽しい！」「残念！」など感動フォルダも必ずつくりましょう。

感動フォルダにある記憶情報は、適宜かつ瞬時にコミュニケーションに利用できるはずです。たとえ、日々の生活や仕事場で腹の立つことがあっても、「感動フォルダのネタがひとつ増えた！」と思えば、怒りも軽くなるのではないでしょうか？

2　会話によるコミュニケーションを増やす

メールやSNSによるやりとりよりも、直接、顔を合わせて会話することが、ワーキングメモリのトレーニングとして格段に有効です。

その際、相手の話を聞いて理解しつつ、経験や記憶から引き出した自分の意見を伝えましょう。そのやりとりでワーキングメモリが鍛えられていきます。

一見、ＳＮＳやメールのほうが楽に思えますが、実はトラブルが深刻化しやすく、また真意が伝わらないことで誤解も招きやすいのです。その点でも、ＳＮＳの普及は人疲れの大きな原因にもなっているのです。

3　多趣味になる

誰でも自分の趣味には興味を持ち、感動するものです。散歩や食べ歩きのような、身近なことで十分です。

また、仕事仲間や家族とは別に、趣味仲間など利害関係のない友人を持つのもよいことです。話したいときに会い、一人でいたいときは放っておいてくれる友達がベストです。

「ずっとつきあっていかなければならない関係ではない」軽い関係の友達ほど、ある意味、自分のペースで楽しめるのでコミュニケーションの負担は軽くなります。

そうした友人とのつきあいの中でワーキングメモリをうまく活用できると、人間関係の要領が無理なくつかめてくると思います。
脳疲労を遠ざけて、無理のない人間関係をつくっていきましょう。

第5章のポイント

□「ワーキングメモリ」を鍛える

同時に複数の動作をすることで、
脳のトレーニングになる。
ワーキングメモリを鍛えれば、スムーズな
コミュニケーションで「人疲れ」が予防できる

□「心の記憶フォルダ」を整理する

感情ごとに分類しておけば、
場の空気に合った話題を引き出しやすくなる

□「記憶のタグ付け」を意識する

何かを記憶するときに、個性的な「記憶のタグ」を
つけておく。ワーキングメモリの検索速度UP

□ 喜怒哀楽や感動を強く表す

「好き・嫌い」「気持ちいい」「不気味」……
自分の感情に素直になって、記憶を強く残そう

□「トップダウン処理」を活用する

相手の言いたいことを大づかみに把握できれば、
コミュニケーションはずっと楽に、疲れなくなる

□ もっと楽にコミュニケーションする

「感動フォルダをつくる」「メールよりも会話する」
「趣味で気軽な友人をつくる」で、
ワーキングメモリをフル活用しよう！

梶本修身 かじもと・おさみ

医学博士。大阪市立大学大学院疲労医学講座特任教授。東京疲労・睡眠クリニック院長。1962年生まれ。大阪大学大学院医学系研究科修了。2003年より産官学連携「疲労定量化及び抗疲労食薬開発プロジェクト」統括責任者。ニンテンドーDS『アタマスキャン』をプログラムして「脳年齢」ブームを起こす。著書に『すべての疲労は脳が原因』(集英社新書)などがある。「ホンマでっか!?TV」「世界一受けたい授業」「ためしてガッテン」など、テレビでも活躍中。

〝人疲れ〟が嫌いな脳

ラクしてうまくいく人間関係のつくりかた

2017年9月5日　第1刷発行

著　者　**梶本修身**

発行人　**見城 徹**

編集人　**福島広司**

発行所　**株式会社 幻冬舎**

〒151-0051 東京都渋谷区千駄ヶ谷4-9-7

電話 03-5411-6211(編集) 03-5411-6222(営業)

振替 00120-8-767643

GENTOSHA

印刷・製本所　**中央精版印刷株式会社**

検印廃止

Printed in Japan　ISBN978-4-344-03170-8　C0095

幻冬舎ホームページアドレス　http://www.gentosha.co.jp/

この本に関するご意見・ご感想をメールでお寄せいただく場合は、comment@gentosha.co.jpまで。